歴史の旅

甲州街道を歩く

山口 徹

吉川弘文館

目次

甲州街道を歩くまえに　*1*

甲州街道の道筋と宿駅／甲府＝軍事拠点／五街道の整備／宿場と宿継（次）／合宿／登り荷と下り荷

Ⅰ　武蔵・相模の甲州街道

一　江戸市中の出入口　*8*

街道の起点＝日本橋／四谷大木戸

二　内藤新宿と高井戸宿　*14*

内藤新宿／内藤新宿界隈／旅路の守り太宗寺の地蔵尊とキリシタン灯籠／高井戸宿

三　武蔵・多摩の道筋　*24*

布田五宿と武蔵野／深大寺と深大寺そば／武蔵の中心府中宿と大国魂神社／新撰組と日野宿の人びと

四　江戸の守り　*39*

八王子宿／八王子千人同心、八王子千人隊／八王子城跡

五　相模渓谷の村と宿　49
武蔵・相模から甲斐へ／湖底に沈んだ相模渓谷の村々／相模国の最後の宿、吉野宿と関野宿

Ⅱ　山中の甲斐路を行く

一　相模・甲斐の境界　58
甲州への第一歩、境川の関所跡／上野原界隈

二　峡中の甲斐路へ　64
「風林火山」の里、甲斐路に入る／犬目宿／思い出の釣り場、大野貯水池／昔の屋並を残す鳥沢宿／日本三奇橋を残す猿橋宿／富士信仰の追分、大月宿

三　郡内織のふる里を行く　79
郡内縞の産地花咲宿／初狩宿から郡内一揆発端の舞台白野宿へ

四　笹子峠を越えて　85
街道きっての難所、笹子峠付近／笹子峠と矢立の杉／武田氏滅亡の谷、駒飼宿

Ⅲ　信玄のふる里逍遙

一　駒飼から甲府へ　94

日川と鶴瀬／葡萄の里、勝沼／勝沼が伝える歴史の節目／石和の昔と今／横浜開港と甲州商人／明治の政変を示す大小切騒動

二　戦国から江戸の面影を求めて　107

信玄と甲斐善光寺／躑躅ヶ崎館と甲府／笛吹川・釜無川・富士川／物流の拠点韮崎宿／台ヶ原から国境の宿、教来石宿へ

三　塩山とその周辺　124

文化財の宝庫／恵林寺

Ⅳ　信　濃　路　へ

一　信濃路最初の宿　134

蔦木宿／金沢宿

二　終着中山道へ　138

街道の終着、高島藩の城下町上諏訪宿／中山道との合流点、中山道の下諏訪宿

あとがき　151

甲州街道地図一覧・図版一覧

索　引

甲州街道を歩くまえに

甲州街道の道筋と宿駅

甲州街道は江戸日本橋《にほんばし》から、四谷《よつや》・内藤新宿《ないとうしんじゅく》を通り、布田《ふだ》（現調布市《ちょうふし》）・府中《ふちゅう》・日野《ひの》・八王子《はちおうじ》と武蔵野《むさしの》・多《た》摩《ま》の台地をへて、甲武《こうぶ》国境の小仏峠《こぼとけとうげ》に入る。その道は重畳する山々を縫い、河川を渉り、甲州を東西に突っ切り、下諏訪《しもすわ》で中山道《なかせんどう》と合流する。全長五三里余（約二〇八・五キロ）で、この街道筋にあった宿場は四五宿ともいわれた。最も遅く設けられた宿駅は内藤新宿で、元禄十二年（一六九九）のことである。

ところで、日本橋から甲府までの高井戸《たかいど》（下高井戸・上高井戸）・国領《こくりょう》・布田《ふだ》（下布田・上布田）・石原《いしはら》（下石原・上石原）・府中《ふちゅう》・日野《ひの》・横山《よこやま》（八王子）・駒木野《こまきの》・小仏《こぼとけ》・小原《おばら》・与瀬《よせ》・吉野《よしの》・関野《せきの》・上野原《うえのはら》・鶴川《つるかわ》・野田尻《のたじり》・犬《いぬ》目《め》・鳥沢《とりさわ》（下鳥沢・上鳥沢）・猿橋《さるはし》・駒橋《こまばし》・大月《おおつき》・花咲《はなさき》（下花咲・上花咲）・初狩《はつかり》（下初狩・中初狩）・白野《しらの》・阿弥陀海《あみだかい》道《どう》・黒野田《くろのだ》・駒飼《こまかい》・鶴瀬《つるせ》・勝沼《かつぬま》・栗原《くりはら》・石和《いさわ》・甲府柳町《やなぎまち》の三八宿、三六里弱は他の街道に先駆けて、慶長九年（一六〇四）ごろにはほぼ完成した。この街道は慶長十五年ごろに、甲府から韮崎《にらさき》・台ヶ原《だいがはら》・教来石《きょうらいいし》宿をへて信州の蔦木《つたき》・金沢《かなざわ》・上諏訪《かみすわ》・下諏訪《しもすわ》まで七宿二〇里ほどが延長され、全線が開通した。

第1図　甲州街道全図

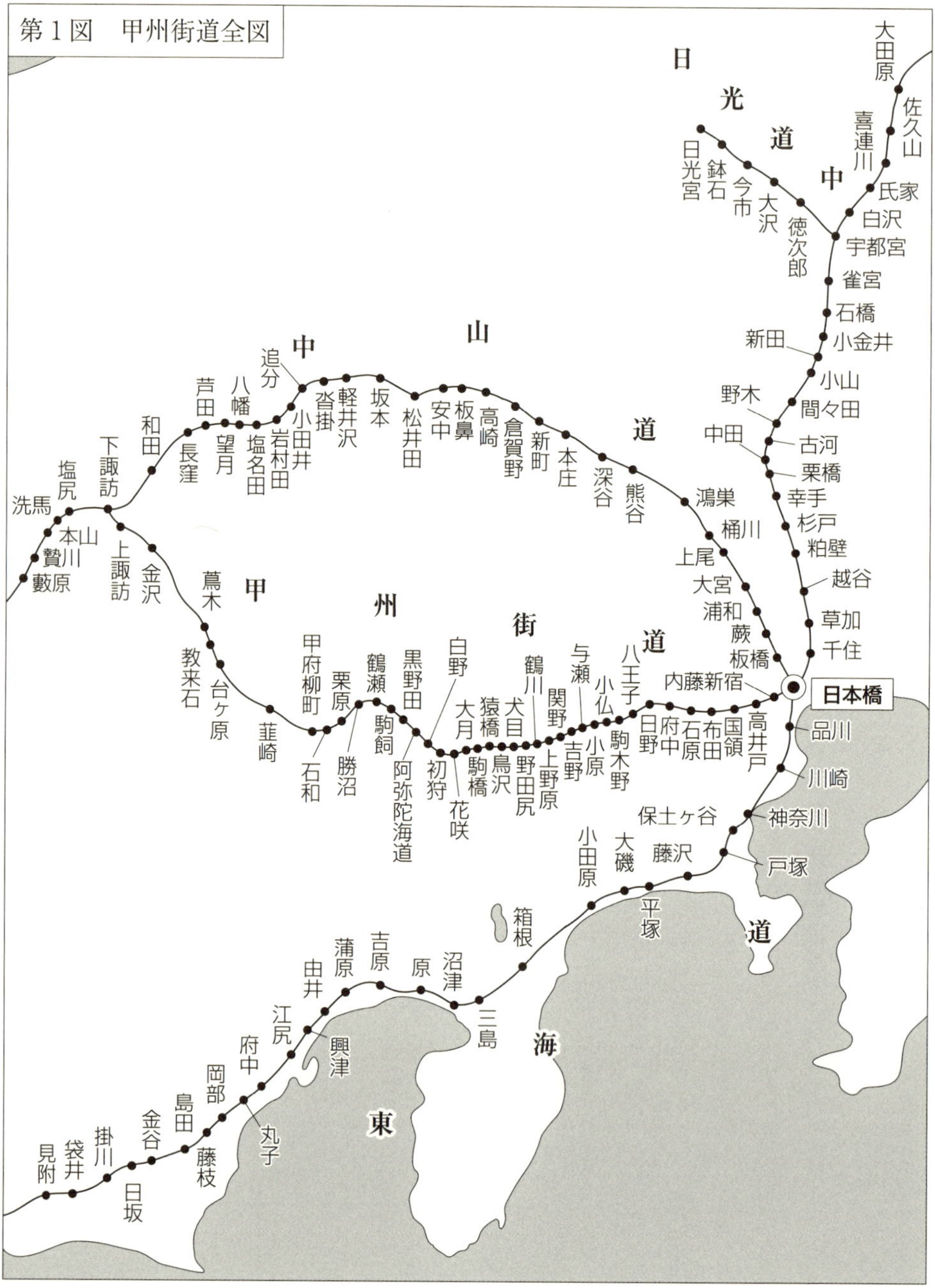

日光道中
大田原
佐久山
喜連川
氏家
白沢
宇都宮
雀宮
石橋
小金井
新田
小山
間々田
野木
古河
中田
栗橋
幸手
杉戸
粕壁
越谷
草加
千住
日光宮
鉢石
今市
大沢
徳次郎
中山道
追分
小田井
岩村田
塩名田
八幡
望月
芦田
長窪
和田
下諏訪
塩尻
洗馬
本山
贄川
藪原
軽井沢
沓掛
坂本
松井田
安中
板鼻
高崎
倉賀野
新町
本庄
深谷
熊谷
鴻巣
桶川
上尾
大宮
浦和
蕨
板橋
甲州街道
上諏訪
金沢
蔦木
教来石
台ヶ原
韮崎
甲府柳町
石和
栗原
勝沼
鶴瀬
駒飼
黒野田
阿弥陀海道
白野
初狩
花咲
大月
駒橋
猿橋
鳥沢
犬目
野田尻
鶴川
上野原
関野
吉野
与瀬
小原
小仏
駒木野
八王子
日野
府中
石原
布田
国領
高井戸
内藤新宿
日本橋
東海道
品川
川崎
神奈川
保土ヶ谷
戸塚
藤沢
平塚
大磯
小田原
箱根
三島
沼津
原
吉原
蒲原
由井
興津
江尻
府中
丸子
岡部
藤枝
島田
金谷
日坂
掛川
袋井
見附

甲府＝軍事拠点

甲府にしばしば出兵したことのある徳川家康は、甲府が重要地点であることを百も承知で、あえてこの地に大名を封ぜず、直轄地すなわち天領《てんりょう》とし、甲府勤番《こうふきんばん》を常駐せしめた。甲府勤番は老中の指揮下に属し、その長は甲府勤番支配といい、組頭《くみがしら》・与力《よりき》・同心《どうしん》を従えた。これらは小普請組《こぶしんくみ》の武士二〇〇人よりなり、甲府が軍事的拠点としての役割を果たしていたことを物語っている。

甲州街道は江戸と軍事的拠点である甲府を結ぶ軍事上の意味が大きかった。多摩の西端八王子には一〇〇人一組で一〇組の千人同心《せんにんどうしん》（千人隊）という精鋭無比な軍団が配備され甲州口を固めていた。同心の多くは日野・調布にかけての甲州街道沿いの村々に土着して鋤鍬を振るい、一旦事があれば、ただちに甲州口の警備に当たる郷士であった。その心根が引き継がれ、この地を新撰組のふるさとと言わしめたのであろう。

五街道の整備

江戸を中心とした五街道、すなわち東海道・中山道・日光道中・奥州道中・甲州道中（本書では甲州街道を使用する）の整備は、慶長六年（一六〇一）に東海道に伝馬制《てんませい》を実施したことに始まる。家康の征夷大将軍就任により江戸幕府が開かれた翌慶長九年には、江戸日本橋を起点として諸街道に一里塚が築造され、中央集権強化の一環として、江戸を中心とした交通網の掌握が進められた。街道の両側、一里ごとに小塚を築き、榎などを植えた一里塚は、旅人がその日、その日の行程を知る道標であり、また疲れを癒す休憩所でもあった。慶長十九年と元和元年（一六一五）の両度にわたる大坂の陣に際しての兵員と軍需物資などの輸送によって、主要街道の整備は飛躍的に進められた。しかし、五街道の各宿場が宿駅として整備されるのは、寛永十二年（一六三五）の武家諸法度の改定により諸大名の参勤交代が制度化されたころであった。

慶長六年に東海道に施行された伝馬制では、宿場ごとに一日伝馬三六疋につき三〇～八〇坪の屋敷地子が免除され、一駄の荷積量も三〇貫と定められた（『新編武蔵風土記稿《しんぺんむさしふどきこう》』）。元和二年には伝馬・駄賃馬《だちんば》ともに荷積量を四〇貫とし、人足賃は馬の半分と定め、公定駄賃、人足賃以上を徴収すれば宿に対して一〇〇文の過料を、当人は五〇日の入獄という具体的な罰則まで定めるなど、制度的整備が進められた。その整備が一応ととのったのが、正徳元年（一七一一）であった。正徳元年の五街道に触れた「定《さだめ》」は、つねに五街道各宿場の高札場に掲げられ、宿駅関係の基本法となった。

宿場と宿継（次）

そもそも伝馬制とは、公用であれ私用であれ、物資や人の輸送を街道に設定された人馬によって、宿駅の間を継立てることである。したがって宿駅に設定された宿場は継立荷物《つぎたてにもつ》を輸送する人と馬を常備することも命ぜられた。この点を規定したのが伝馬制にかんする「定」である。

ところで宿駅の伝馬の利用は、無償による幕府の公用通行が最優先とされたが、大名や所司代などの利用のため幕府が定めた御定賃銭《おさだめちんせん》による賃伝馬、町人や商人なども利用できる相対賃銭《あいたいちんせん》による駄賃馬などがあった。このうち、相対賃銭は御定賃銭の二倍程度であったため、宿場の主要な収入源となった。

宿駅には伝馬朱印状《てんましゆいんじよう》と伝馬定書《てんまさだめがき》が交付された。東海道には、江戸日本橋を起点に第一番目の品川宿から京都に入る最後の大津宿まで、五三の宿場あった。これは五三宿といわず「五十三次《つぎ》」と呼ばれていた。「次」は荷物を継ぎ送るという意味で、宿場の数と宿継の数が一致しているのは東海道の各宿場が荷物の宿継ぎを担う伝馬朱印状と伝馬定書を交付された宿駅であることを物語っている。

合　宿

甲州街道の場合は日本橋から一番目の内藤新宿をへて下諏訪に入る最後の上諏訪まで四五の宿場があるが、宿継（次）の数は三二次であった。

内藤新宿から二番目の宿場高井戸は、下高井戸宿・上高井戸宿が半月交替で勤める合宿《あいじゆく》で、布田は布田五宿といわれ国領・下布田・上布田・下石原・上石原の五宿が六日交替で勤めていた。以下、駒木野・小仏両宿が半月交替で勤め、小原宿と与瀬宿は片道勤め、下鳥沢・上鳥沢両宿は半月交替で勤め、下花咲・上花咲両宿と下初狩・中初狩も半月交替で勤め、白野・阿弥陀海道・黒野田はそれぞれ八日間・七日間・一五日間の三宿交替勤め、そして駒飼・鶴瀬はそれぞれ一〇日間、二〇日間の両宿交代勤めと定められていた。このように甲州街道の宿継ぎは交代勤めの合宿や片道勤めが多かったため、甲州街道は四五宿、三二次であった。

このように他街道にくらべ甲州街道に合宿が多いのは、甲州街道が重畳する山々を縫い、多くの河川を渉り、宿場も狭く、一宿だけでは定められた宿駅業務を果たすことができず、交通量も少ないために宿駅収入だけでは、宿場を維持することができなかったためであろう。

登り荷と下り荷

甲斐国は、周囲を山また山に囲まれた盆地である。盆地の東側に笛吹川《ふえふきがわ》が、西側を釜無川《かまなしがわ》が流れ、両河川は鰍沢《かじかさわ》で合流し、富士川《ふじがわ》となる。富士川は、甲斐や信州と駿河湾を結ぶ舟運の道として栄えた。

甲斐は、徳川幕府の直轄天領。その年貢米は水田化率は少ないとはいえ、最も多い輸出品であった。米は石和を中心とした笛吹川流域、韮崎・竜王を流れる釜無川の信玄堤によって造成された水田からの貢米が、両河川の舟運により鰍沢に集められ、富士川を下り駿河の清水港から江戸に運ばれた。初冬のころになると信濃の松本領・諏訪領の年貢米が山を越えて、釜無川に沿って甲州街道を下って行く、韮崎からは街道を右にそれ、鰍沢に集まる。石和には南佐久地方の米が集まり、笛吹川を下り、鰍沢から富士川を清水に下る。

年貢米を積んで清水に下った川舟は、帰りには塩や水産物を運んできた。甲州街道は信濃への塩や水産物の輸送路であり、信州中馬《ちゅうま》商人の道でもあった。塩山《えんざん》という地名や、今も甲斐の珍味として鮑《あわび》の煮貝が残っているのも、歴史の名残であろう。

甲州街道が通る信州や甲斐は絹の産地、古くからの郡内《ぐんない》の甲斐絹《かいき》や郡内織《ぐんないおり》は八王子を通って関東へ、特に幕末、開港以降は開港場横浜へ運ばれた。その道は現在、絹の道として保存されている。また、甲府盆地東部の村々は幕末になると、梨《なし》・葡萄《ぶどう》・栗《くり》などを江戸へ輸出し、現金収入としていたが、この地域の有数の特産品になるのは近代、なかんずく消毒が可能となり養蚕・製糸が衰退する第二次大戦後であった。こうした絹や葡萄などは甲州街道を馬背に乗って江戸に運ばれた。勝沼の北側にある丘の中腹に「勝沼や馬子もぶどうを喰いながら」という芭蕉の句碑が建てられている。

I

武蔵・相模の甲州街道

1 日　本　橋

明治44年（1911）に架けられた立派な石造りの二連アーチ橋だが，橋の上には首都高速道路が通り，周囲もビル群に囲まれ，往時を偲ぶことはできない．

一　江戸市中の出入口

2　日本国道路元標

街道の起点＝日本橋

天下分け目の関ヶ原を制し、江戸に幕府を開いた徳川家康《とくがわいえやす》は、慶長八年（一六〇三）までに江戸と諸国を結ぶ五街道を整備した。東海道・中《なか》山道《せんどう》・奥州街道・日光街道、そして甲州街道である。当初は「甲州海道」と記されていたが、正徳六年（一七一六）四月十五日の幕府の触書によると、このときからこの街道の正式名称は「甲州道中《どうちゅう》」となった。しかし、一般には「甲州街道」と称することがあり『新編武蔵風土記稿』の記載にも甲州道中、甲州街道が併用されている。

その起点となったのが**日本橋**である。初代の橋は木製であったが、その後、老朽化や焼失などにより、たびたび架け替えられ、現在の橋は一九代目で、明治四十四年（一九一一）に架けられた石造りの二連アーチ橋である。現在は、開発や首都高速道路の高架橋などのため、昔の面影

3　現在の日本橋の景観

をしのぶことはできない。しかし、橋の中央に「**日本国道路元標**」が設置され、今も日本国道の起点の役割を果たしている。

　江戸日本橋を出発、中央通りを銀座方面に向かい、永代通りを右折、皇居前の和田倉橋に出る。この間の道筋は永代通りを直進する道筋と、途中八重洲通りに入り東京駅を越してまっすぐ和田倉橋に出る道筋と二説があり、必ずしもはっきりしていない。甲州街道はこうしたはっきりしない道筋が多い。

　和田倉堀端を日比谷公園に歩くと左手に東京会館・帝国劇場と並んで、戦後日本を占領した連合国軍総司令部（GHQ）が置かれ、D・マッカーサーが執務をとった**旧第一生命館**（DNタワー21）がある。そこは戦後史の一つの原点で、記憶にとどめておきたい場所である。その先の日比谷交差点をお堀端に沿って行くと、**桜田門**が見えてくる。安政七年（一八六〇）におこった桜田門外の変でよく知られた門である。門前の桜田門交差点の向かいの赤レンガの法務省の建物に隣接して、左手に警視庁が見えてくる。さらに桜田堀沿いに直進すると半蔵門に出る。この辺りは萩藩毛利家、米沢藩上杉家、広島藩浅野家、彦根藩井伊家など、外様・譜代の有力大名の上屋敷が並んでいた。

　甲州街道は半蔵門からほぼ一直線に東京市街の西の玄関新宿に向かうが、やがて江戸時代の関門**四谷**《よつや》**見附**《みつけ》に出る。見附は両側を高い頑丈な石

4　旧第一生命館

垣で固められ、黒々とがっちり構えた見附門があったという。この門は六ツ時（午後六時ごろ）には容赦なく扉が閉められた。門を出ると見附橋。その先に甲州街道が西に伸びている。見附橋下の外堀は今はＪＲ中央線が走っている。

四谷大木戸

見附を出て内藤新宿近くになると、またしても関門の**四谷大木戸**に出る。このあたりは四方に谷があり、四谷という地名がついたという。北側は池や湿地で、南側は渋谷川が流れる要害の地であったため、市中を守る見附門や大木戸《おおきど》が置かれたのであろう。大木戸は物資の出入りや旅人の往来を調べたところ。明け六ツ（午前六時ごろ）に開門し、暮れ六ツ（午後六時ごろ）に閉扉した。日中でも捕り物などの時は門を閉め、鐘を叩いて知らせたという。この木戸は寛政四年（一七九二）に取り壊され、自由に通れるようになった。

四谷界隈《かいわい》には、玉川上水の水を管理する大木戸水番所《みずばんしょ》や通り荷物を改める馬改番所《うまあらためばんしょ》があった。四谷見附、大木戸界隈は江戸市中の関門であった。「入り鉄砲と出おんな」、市中の秩序を乱す鉄砲と、江戸詰の藩主の妻たちは厳しく取り締まられていたのである。

5　桜　田　門

6　四谷見附門跡の石垣（下）

7　四谷大木戸碑（左上）

8　四谷大木戸（『江戸名所図会』）

『江戸名所図会』は江戸の町名主斎藤月岑編で，挿絵は長谷川雪旦が描いている．当時の景観を知る好史料である．

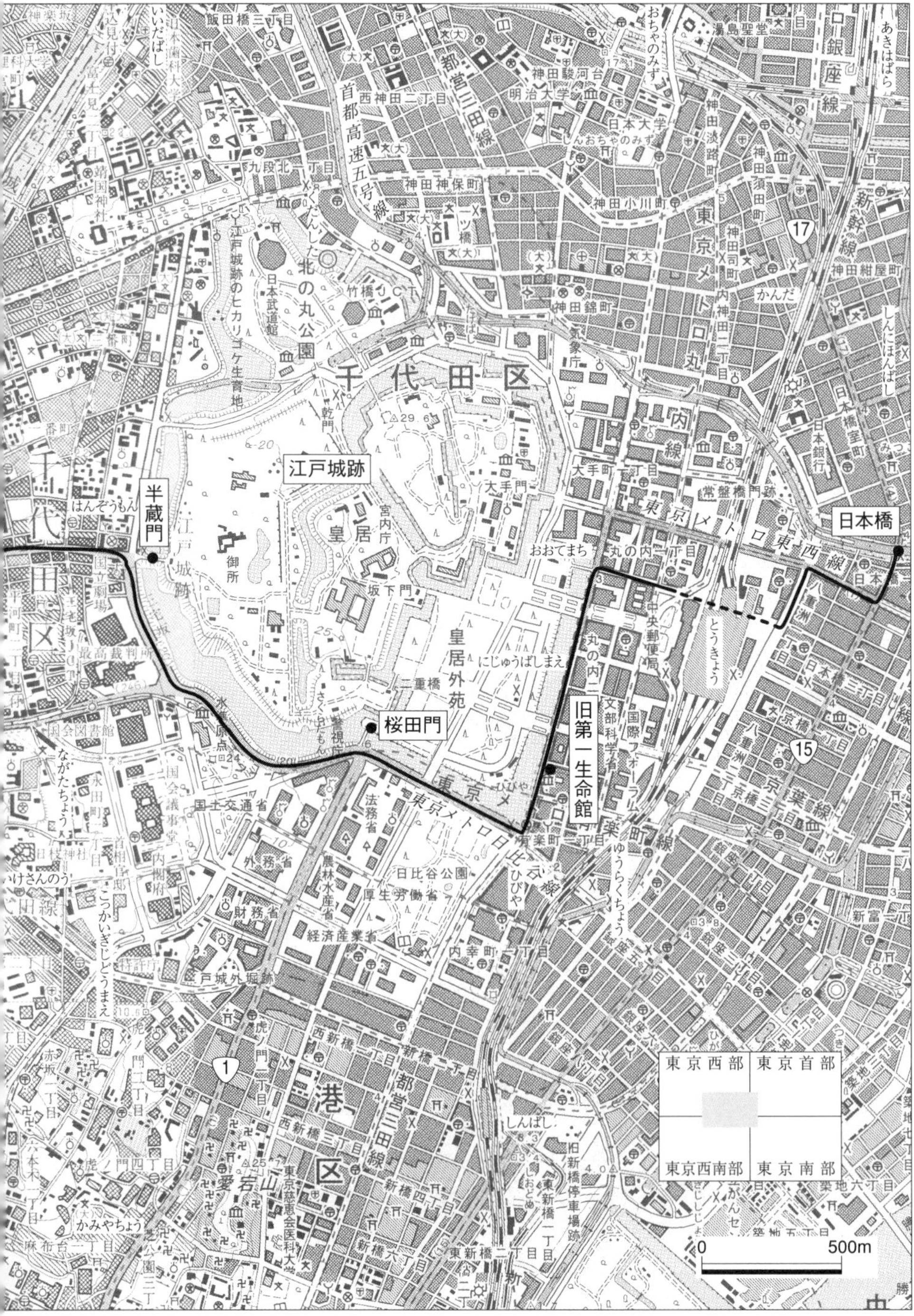
江戸城跡
半蔵門
日本橋
桜田門
旧第一生命館
千代田区
港区
皇居
皇居外苑
北の丸公園
日比谷公園
東京西部
東京首部
東京西南部
東京南部
0
500m

第2図　日本橋から四谷・内藤新宿へ

◀（20ページへ続く、省略箇所あり）

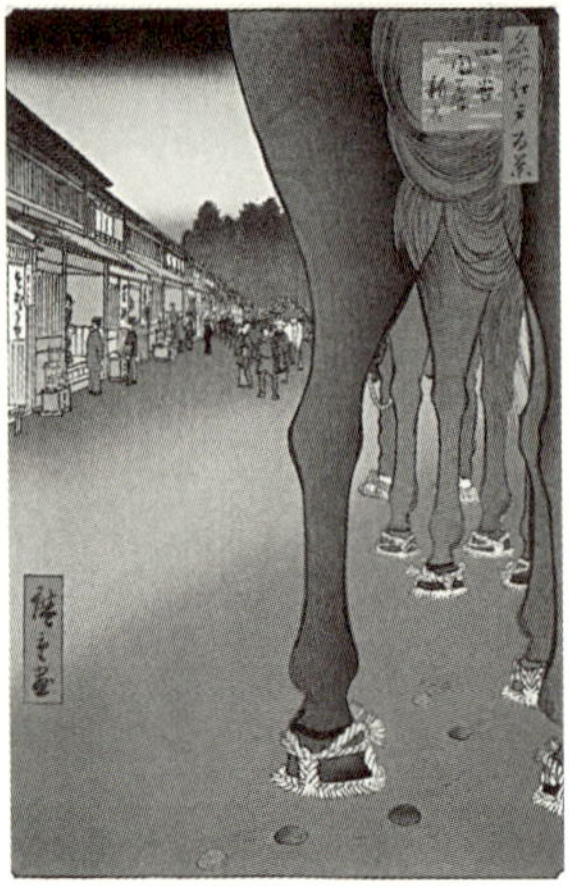

（歌川広重「名所江戸百景」のうち）

9　内藤新宿

二　内藤新宿と高井戸宿

内藤新宿

現在の新宿は、JR中央線の起点となっている。昔は**内藤新宿**といった。甲州街道が開通したといわれる寛永十二年（一六三五）ごろには、江戸日本橋を出てから四谷大木戸をくぐり、西に伸びる甲州街道の最初の宿駅は下高井戸・上高井戸が伝馬役を勤める高井戸宿《たかいどじゅく》であった。内藤新宿が甲州街道の宿駅となったのは元禄十二年（一六九八）、浅草阿部川町名主吉兵衛らが日本橋と高井戸宿間の道程が遠いことを理由に、その中間に新宿を設けることを願い出て許されてからである。そのとき、高遠藩内藤若狭守《たかとおはんないとうわかさのかみ》の下屋敷北側の地に宿場町が形成された。内藤新宿の誕生である（『新編武蔵風土記稿』）。ところがその二〇年後の享保三年（一七一八）、旅人の通行が少ないことを理由に廃止され、旅籠屋なども取り払われてしまった（『御触書寛保集成《おふれがきかんぽうしゅうせい》』）。

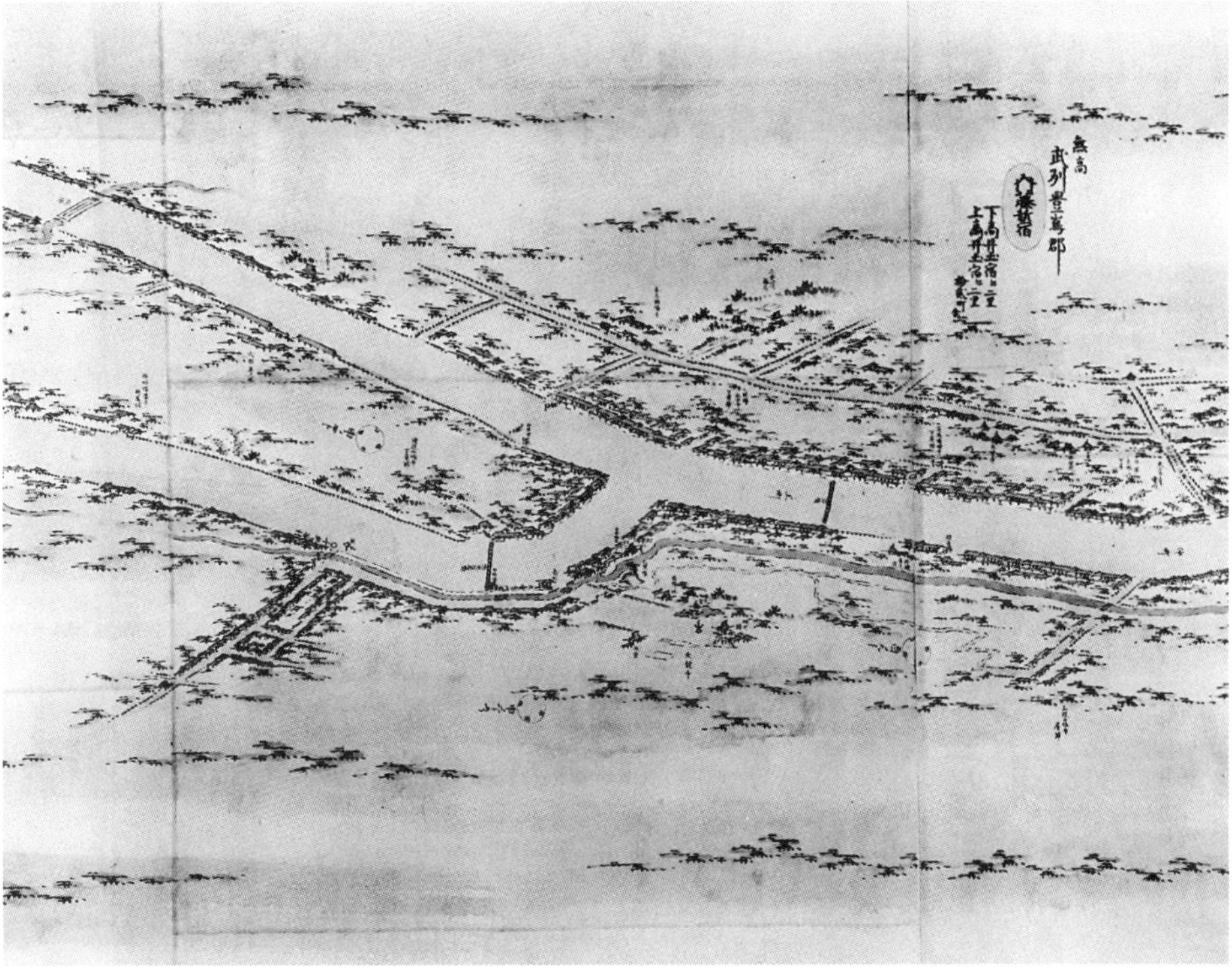

10　内藤新宿（『甲州道中分間延絵図』）

『甲州道中分間延絵図』は「五街道其他分間延絵図並見取絵図」の一つで，江戸幕府が文化３年（1806）に完成させた測量絵巻．勘定・普請役などの役人を現地に派遣し測量を実施した絵図で，江戸時代の街道を知る貴重な史料である．東京国立博物館蔵・重要文化財．甲州道中は全９巻．

11　四谷内藤新宿（『江戸名所図会』）

12　内藤新宿追分付近

13　太　宗　寺

しかし、五四年後の明和九年（一七七二）に再興の嘆願が認められ、同年四月より宿場業務が再開された（『御触書天明集成』）。それ以来、内藤新宿は甲州街道の首駅となり、四五宿三二継（次）となった。

内藤新宿界隈

内藤新宿が甲州街道の首駅として整備されてくると、四方から物資がどんどん集まり、人馬の往来も盛んとなり、江戸地廻《えどじまわ》りの商業中心地として栄えてきた。人馬の集まる様は俗に「四谷新宿馬の糞《くそ》」といわれた。江戸時代、現在の青梅市の上成木や北小曽木村から産出する石灰《せっかい》は江戸城や町の白壁の材料として江戸に運ばれていた。その輸送路が現在の青梅街道《おうめかいどう》である。その街道が甲州街道から分岐する地が内藤新宿の**追分《おいわけ》**である。この街道は、青梅道、江戸道などと呼ばれ、甲州街道を通らないことから、甲州裏街道《うらかいどう》、甲州脇往還《わきおうかん》などと呼ばれた。江戸中期になると、輸送品は石灰から檜《ひのき》の皮・薪炭《しんたん》・織物などに変わった。

旅路の守り太宗寺の地蔵尊とキリシタン灯籠

新宿御苑前、高遠藩内藤家の屋敷跡に**太宗寺《たいそうじ》**がある。この寺には深川の念仏行者、地蔵坊正元《じぞうぼうしょうげん》が浄財を集めて造立した江戸六地蔵の二番目の**地蔵尊**がある。この像の胎蔵品《たいぞうひん》は、安政二年（一八五五）の地震のと

14　太宗寺の地蔵尊

15　内藤家の墓（左上）

16　キリシタン灯籠（左）

17　成　覚　寺（下）

18　成覚寺の子供合埋碑（左下）

19　天龍寺の鐘

20　覚　蔵　寺

きに同像を修理した際に発見され、現在都の重要文化財に指定されている。太宗寺の境内には「内藤新宿の閻間《えんま》（魔）さま」と呼ばれる閻魔大王像があり、江戸庶民の信仰を集めていた。現在は高層ビルの谷間で、住む人の安全を祈っているのであろうか。

　ところで、旅に出るととんでもないものに出会う。それが旅の楽しみでもある。太宗寺の奥まった芝生の中に、**キリシタン灯籠《とうろう》**が立っている。江戸時代に建てられたものかどうかは定かでない。やや地蔵化したマリアとおぼしき人物が浮き彫りにされている。可愛らしく、清潔で美しい。禁制《きんぜい》の異教徒は十字架を胸に秘め、地蔵尊に平安を祈りつつ旅行く人びととすれ違いながら行き交っていたのであろうか。日本的宗教の懐の深い一面を垣間見るような気がする。キリシタン灯籠は深大寺にもあった。

新宿二丁目の**成覚寺**の境内には見捨てられた遊女の「**子供合埋碑**」が墓地の薄暗い木立の下にある。子供とは遊女のことで、彼女たちは犬猫あつかいされ、死ぬと身ぐるみ剥がされ米俵に入れられ、この寺に投げ込まれた。遊女といえば、デパート伊勢丹の角から二町（約二二〇メートル）ばかり南に下ったところに**天龍寺**がある。この寺の**鐘**は遊女たちとの別れをせきたてる無情な「追い出しの鐘」であった。この鐘は甲州街道沿い谷保村の鋳物師《いもじ》関孫兵衛の作で、上野寛永寺、市ヶ谷八幡の鐘とともに、江戸三名鐘といわれている。往時の花街の賑わいは昭和三十一

21 宗 源 寺

22 医 王 寺

23 長 泉 寺

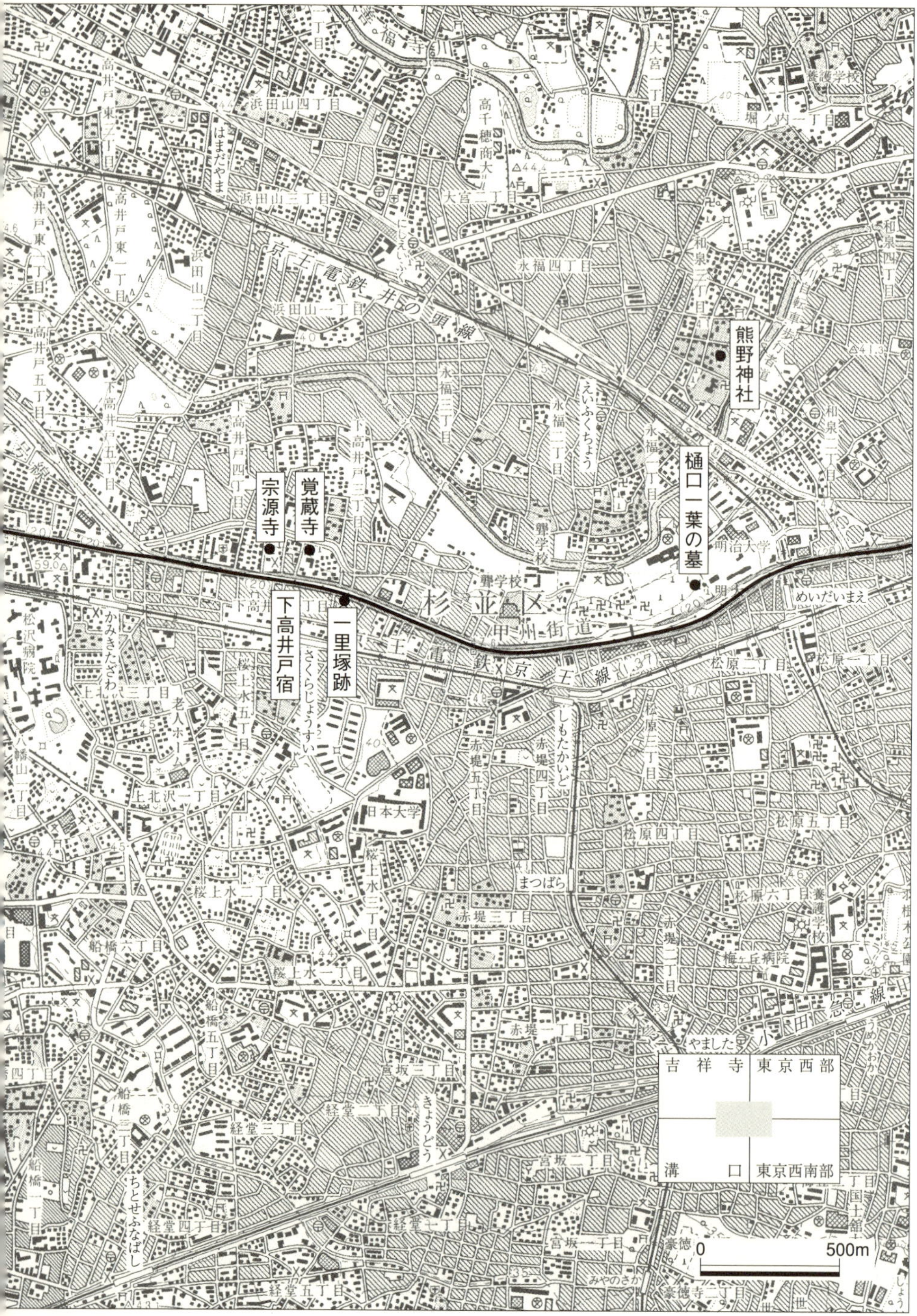

◀（13ページより続く、省略箇所あり）

第3図　高井戸宿周辺図

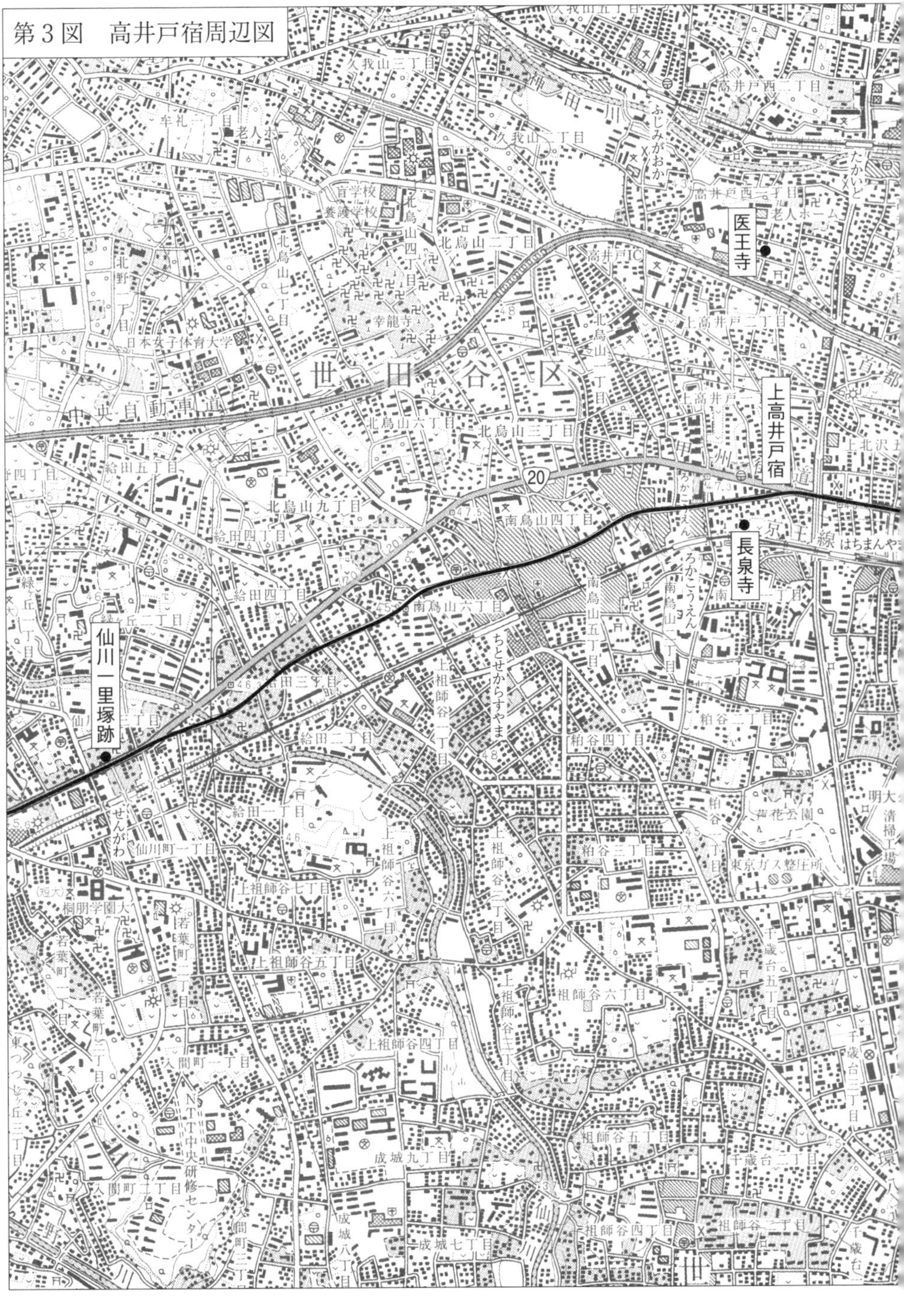

◀（26ページへ続く）

24　熊野神社と黒松

25　樋口一葉の墓

年（一九五六）の売春禁止法が公布されるまで続いた。

高井戸宿

内藤新宿を出ると、世界最大といわれる新宿駅の南口の陸橋に出る。旧街道は国道二〇号線とぶつかる。国道と平行して走る京王線の明大前駅を過ぎると**高井戸宿**。高井戸宿は内藤新宿が設置される以前の街道最初の宿駅で、下高井戸と上高井戸が半月交代で宿場役を勤める合宿であった。高井戸周辺には下高井戸の**覚蔵寺・宗源寺**、上高井戸の**医王寺・長泉寺**といった江戸初期以来の寺が多い。杉並区指定の**熊野神社の黒松**《くろまつ》は徳川家光の手植えとされている。また宗源寺の羅漢槇《らかんまき》は天然記念物に指定されている。この地区には著名人の墓所も多く、**樋口一葉**《ひぐちいちよう》**の墓**も街道沿いにあった。

延宝二年（一六七四）の検地帳《けんちちよう》（土地台帳）によると、下高井戸宿の総反別は二〇〇町余、上高井戸は一七六町余り、両宿ともに耕地の九割が生産力の低い畑地で、江戸市中へ野菜を供給する寒村であった。その畑地に開けた甲州街道沿いに造られたのが高井戸の宿町である。その姿は杉並区の教育委員会が作成した「宿復原鳥瞰図」（一九八一年度文化財シリーズ二六『甲州道中高井戸宿』）に描かれている。

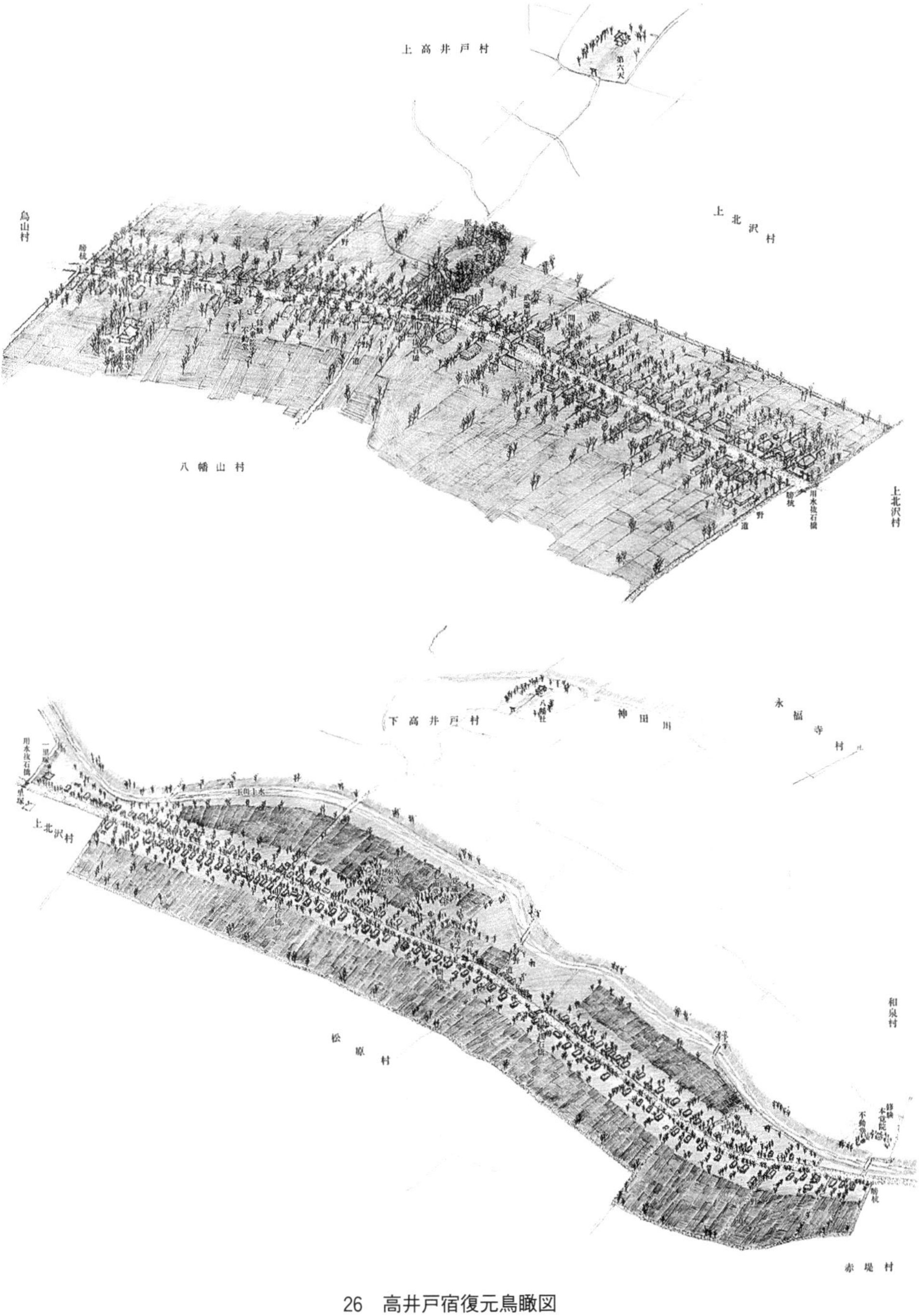

26　高井戸宿復元鳥瞰図
(上)上高井戸宿　(下)下高井戸宿（『甲州道中高井戸宿』より）

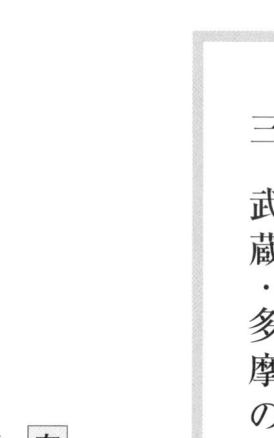

三　武蔵・多摩の道筋

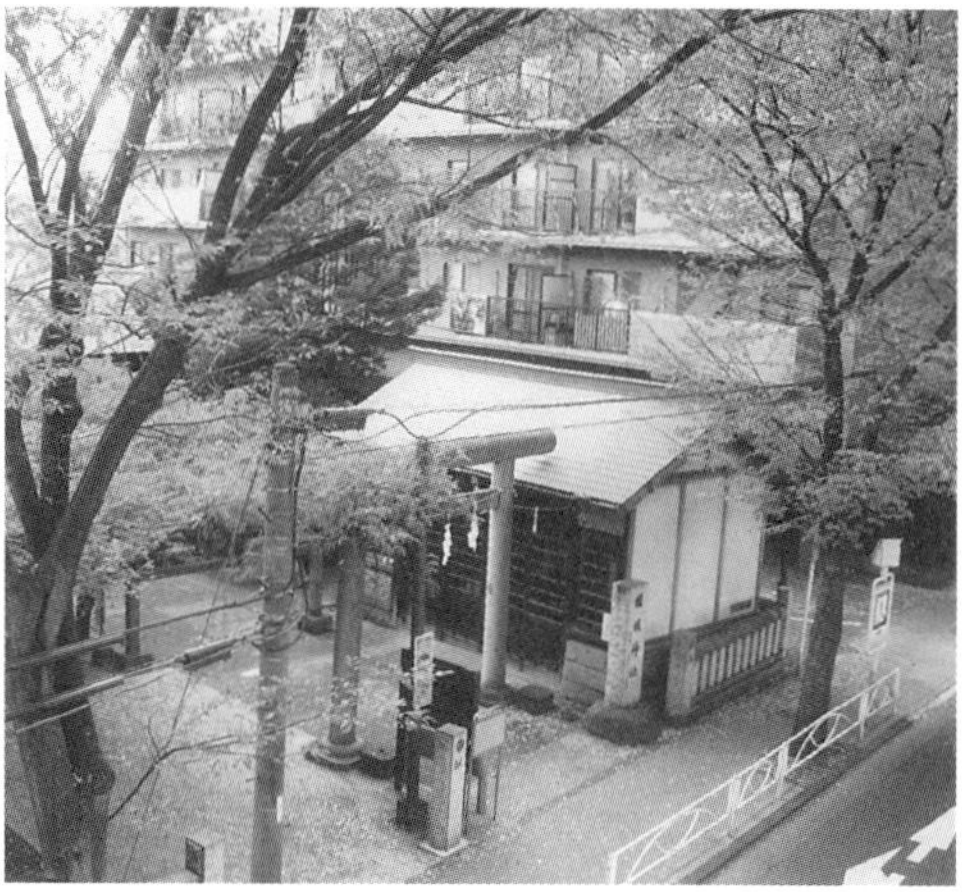

27　国領神社

布田五宿と武蔵野

布田《ふだ》五宿は、東から国領《こくりょう》・下布田・上布田・下石原・上石原と続く鰻の寝床のような宿場。この五宿が六日交代で宿役を勤めていた。この五宿は明治二十二年（一八八九）に周囲の村々と合併され、調布町（現調布市）となった。この辺りまでの甲州街道は、昭和三十九年（一九六四）に開催された東京オリンピックでエチオピアのアベベ選手が走った武蔵野の面影が残るマラソンコース。

国領には、樹齢千年ともいわれる藤の花が咲き誇る**国領神社**がある。この藤棚は氏子の人びとが力を合わせて育てているという。藤棚の面積は一二〇坪（三九七平方メートル）、樹高一二メートルの巨木。四月から五月が花の見ごろ。この藤は藤の精に守られて千年も生きたというので、その実は縁起がいいとされ、お守りとされている。藤は「不二」「富

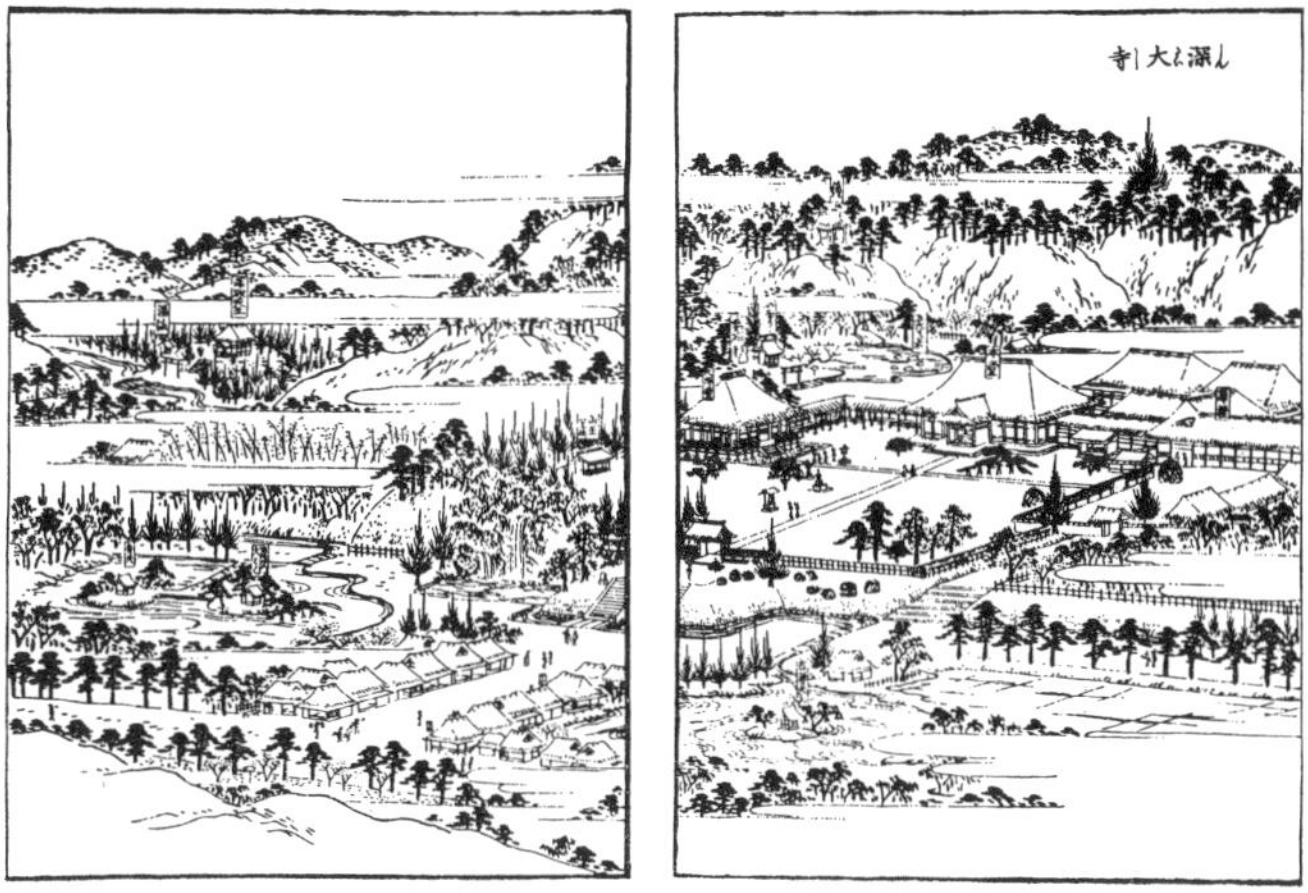

28　深　大　寺（『江戸名所図会』）

士」「無事」に通じるという。

布田五宿は、土臭い田舎宿場で、宿場につきものの遊女屋ができても、旅人は多く素通りし、多摩川を筏《いかだ》で下って、品川街道を帰る筏師が豪遊したくらいとか。内藤新宿や府中に遊びに行けない近隣農家の若い衆が顧客だった。

深大寺と深大寺そば

東京近郊の散策地として、戦後急速に著名となったのが**深大寺**《じんだいじ》とその周辺である。深大寺の山門の左手南方に谷を隔てた小高い丘が深大寺城跡。その歴史は戦国時代一六世紀に築かれたこと以外ははっきりしていない。

城山を下り、深大寺の桃山風な山門を潜ると、すぐ右手に鐘楼がある。深大寺は奈良時代に創建されたといわれ、江戸では浅草の浅草寺《せんそうじ》につぐ古い歴史を持つ名刹《めいさつ》である。境内には背後の武蔵野台地から湧き出る水をたたえた池がある。この湧き水に育てられたのが「**深大寺そば**」。はじめは深大寺の僧が、境内や近在で採れた蕎麦《そば》を打って食べ、近在の信者に振る舞い、それが物見遊山に出かける江戸っ子や文人墨客に好まれ、商い物になったという。現在は深大寺周辺に二〇数軒の蕎麦処が軒を連ねている。

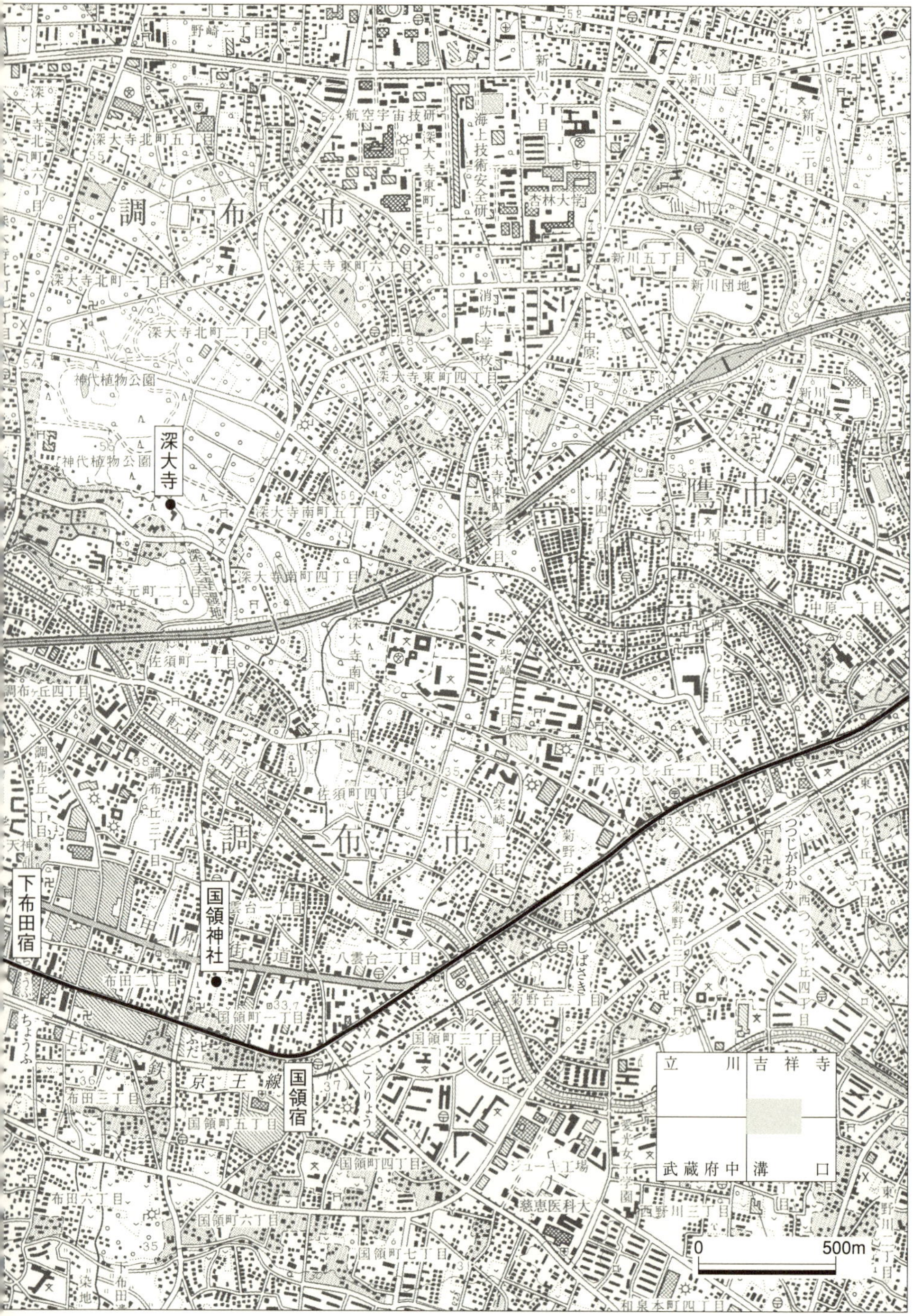
深大寺
国領神社
下布田宿
国領宿
調布市
三鷹市
京王線
神代植物公園
航空宇宙技研
海上技術安全研
杏林大学
消防大学校
新川団地
自転車専用道路
甲州街道
ジューキ工場
慈恵医科大
愛光女子学園
深大寺北町五丁目
深大寺北町一丁目
深大寺北町二丁目
深大寺東町六丁目
深大寺東町四丁目
深大寺南町五丁目
深大寺南町四丁目
深大寺元町二丁目
佐須町一丁目
佐須町四丁目
調布ヶ丘四丁目
八雲台一丁目
八雲台二丁目
布田二丁目
布田三丁目
布田六丁目
国領町一丁目
国領町三丁目
国領町四丁目
国領町五丁目
国領町六丁目
国領町七丁目
新川五丁目
中原二丁目
中原一丁目
西つつじヶ丘一丁目
菊野台二丁目
西野川三丁目
和泉本町四丁目
野崎一丁目
つつじがおか
しばさき
こくりょう
ちょうふ
立川
吉祥寺
武蔵府中
溝口
0
500m

◀（21ページより続く）

第4図　布田五宿周辺図

◀（30ページへ続く）

29　深　大　寺（右上）

30　深大寺のキリシタン灯籠（左上）

31　深大寺周辺の蕎麦処

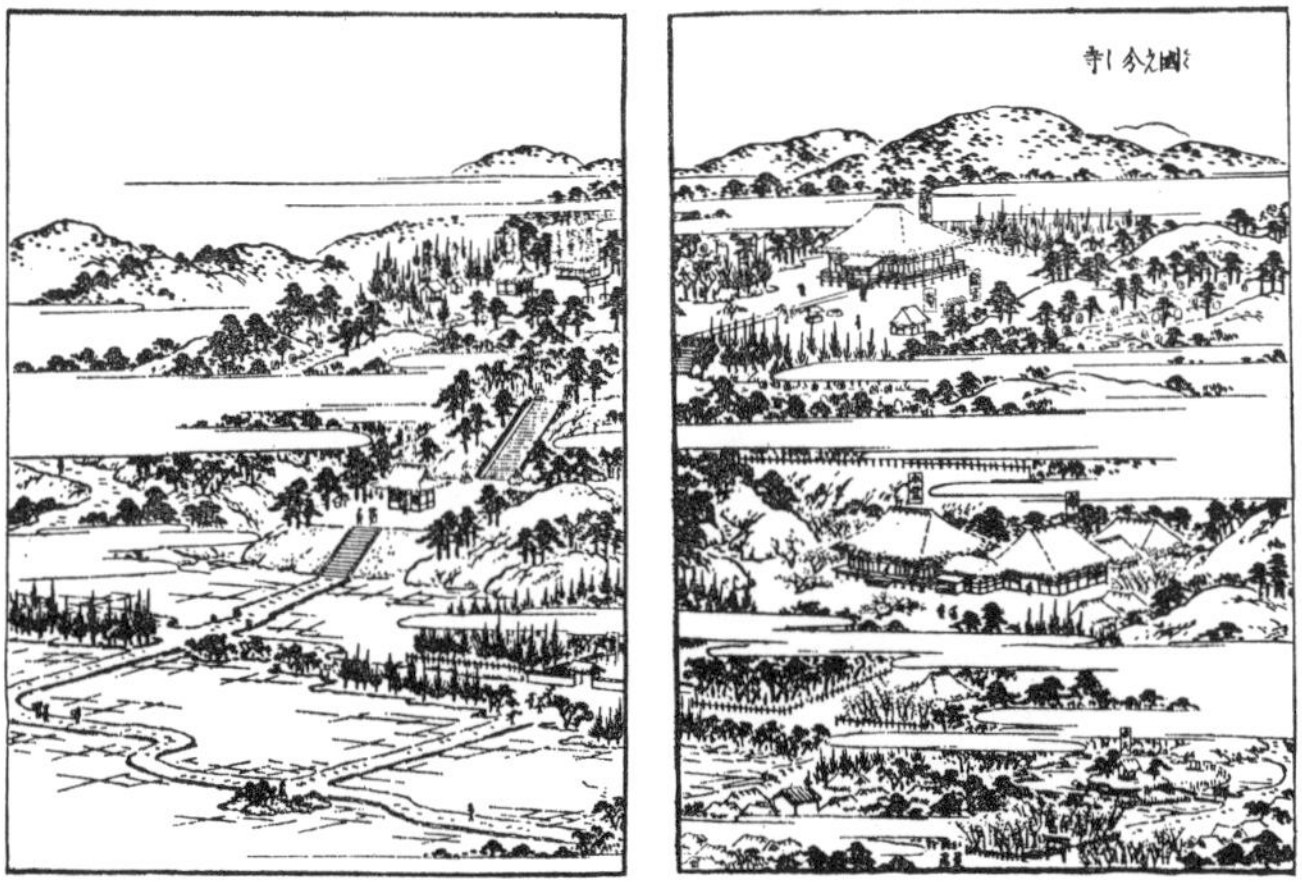

32　武蔵国分寺（『江戸名所図会』）

33　大国魂神社

34　馬場大門の欅並木

武蔵の中心府中宿と大国魂神社

府中は武蔵国の中心地、大化改新《たいかのかいしん》のとき国府《こくふ》が置かれた土地で、**武蔵国分寺跡**《こくぶんじあと》や武蔵総社**大国魂神社**《おおくにたまじんじゃ》があった由緒ある町である。ここを中心にして鎌倉街道・川越街道・国分寺街道・小金井街道などが四方に走っている。甲州街道は大国魂神社の社前、いわゆる**馬場《ばば》大門《おおもん》の欅《けやき》並木**を直角に突っ切っている。府中といえば誰もが口にするのが、この欅並木。平安中期の前九年の役（一〇五一～六二）のとき源《みなもとの》頼義《よりよし》・義家《よしいえ》父子が奥州征伐の帰りに植え、慶長（一五九六～一六一一）のころ徳川家康が植え継いだという。頼義父子は奥州征伐の途中、大国魂神社に宿陣し、戦勝祈願として、粟飯《あわめし》と李《すもも》を供えた。同社ではこの日を記念して七月二十日に五穀豊穣《ごこくほうじょう》・悪疫防除《あくえきぼうじょ》のための「すもも祭」を行っている。この日には厄除けとして人気のある「からす団扇《うちわ》」が売られている。この大国魂神社には重要文化財の木造の狛犬《こまいぬ》があり、本殿は寛文年間（一六六一～七三）に建てられたもの。関東の奇祭「くらやみ祭り」もここの祭りだ。例祭は五月五日の夜。その夜は午後十一時から午前二時まで全町の灯下も消し、暗夜となる。その前後市内に夥しいかずの神灯をともす。別名提灯祭《ちょうちんまつ》りとも呼んだ。私も高校生のころ南部線谷保《やほ》駅から府中の夜祭りに遊びにいったものである。

武蔵国分寺跡
馬場大門の欅並木
府中宿
高札場跡
大国魂神社
東京競馬場
こくぶんじ
東京経済大学
関東医療少年院
府中刑務所
東京農工大学
きたふちゅう
ふちゅう
ふちゅうほんまち
ふちゅうけいばせいもんまえ
ひがしふちゅう
京王電鉄京王線
武蔵野線
府中市
浅間山
浅間山公園
府中の森公園
航空自衛隊府中基地
芸術劇場
市民会館
安養寺
高安寺
拝島
立川
八王子
武蔵府中
0
500m

◀（27ページより続く）

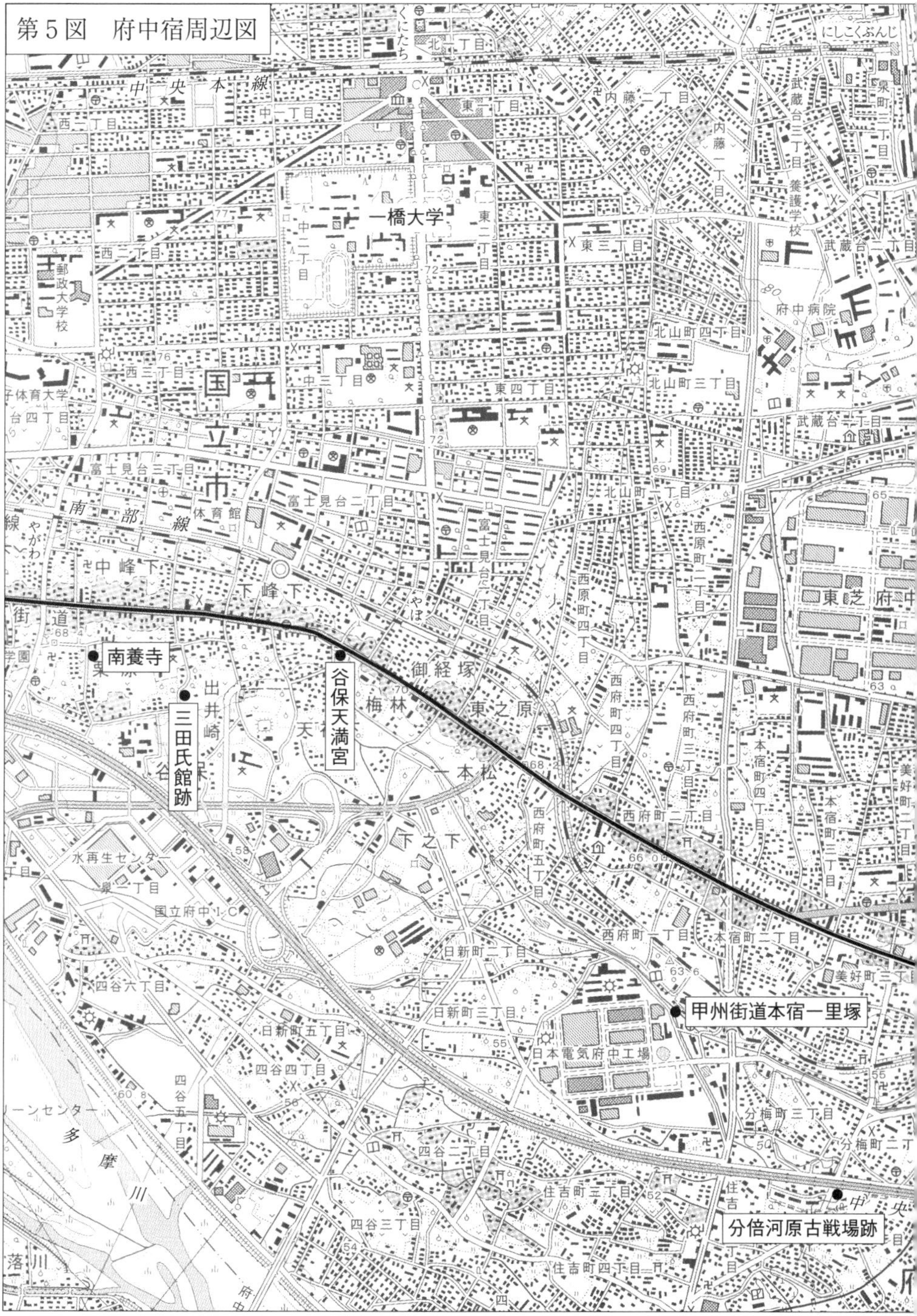

第５図　府中宿周辺図

◀（35ページへ続く、省略箇所あり）

35　府中宿高札場跡

36　谷保天満宮

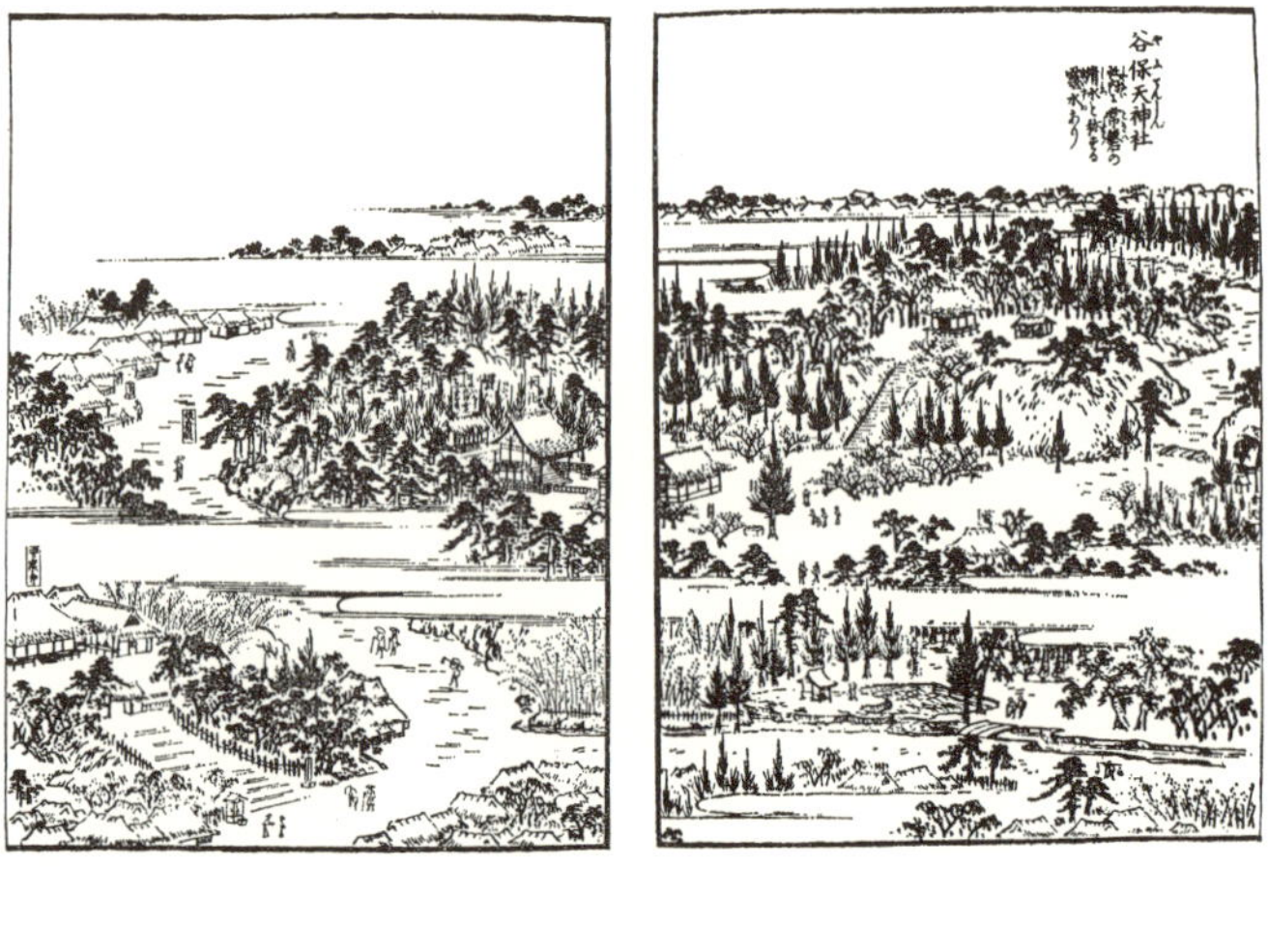

37 『江戸名所図会』に
描かれた谷保天満宮

38　三田氏館跡遠望

39　分倍河原（『江戸名所図会』）

この辺りは新興の工業地域である。東芝府中工場を始め、日本電気府中工場、サントリー府中工場がある。そのほか東洋一の東京競馬場、昭和四十三年（一九六八）に近くで起きた三億円強奪事件で有名になった府中刑務所、都営の多磨霊園などがある。その周辺の武蔵野台地上、国分寺には新幹線を作り出した鉄道研究所、西隣りには戦後文教地区に指定された国立《くにたち》市がある。国立は谷保村の村中入会《いりあい》の里山を昭和初期に、堤康次郎が都市整備した学園都市。東京商科大学（現一橋大学）、国立音楽大学などを中心に文教都市として発展した。私が移り住んだ昭和七年（一九三二）ころは、谷保村谷保、国立という駅名はあるが自治体名はない。町名が変更されたのは戦後のことである。子供のころは**谷保天満宮**《やほてんまんぐう》（天神）と国立駅を結んだ二十四間道路を中心に、縦横に造られた道路の間に残る松と椎《しい》や椚《くぬぎ》の林の間に数え得るほどの家が点在するに過ぎなかった。九月二十五日の天神様の祭りにも神輿《みこし》を担ぐことができず、よそ者あつかいされていたことを覚えている。

谷保の天神様（天満宮）は甲州街道に背を向けて建ち、本殿の裏には湧水による池に囲まれた小さな厳島神社がある。昔は街道が南側、正門前を走っていたというから、街道が北側の崖の上に付け変えられたのである。この街道の移動は天保五〜七年（一八三四〜三六）に刊行された『江戸名所図会《えどめいしょずえ》』などには、今のように描かれているから、かなり古い

40　南　養　寺

41　日野渡船場跡付近

ことであろう。

街道に沿って谷保村の集落が続く、その南側は一段下って多摩川の堤まで水田が開けている。その段丘に沿って、中世の豪族**三田氏の館跡**や、臨済宗建長寺派の末寺**南養寺**がある。南養寺周辺は縄文中期の遺跡地であり、出土した敷石住居跡は寺側の配慮により、出土状態のまま見学できるように保存されている。西は甲州街道が多摩川を渡る日野橋付近に続く。段丘下に広がる水田地帯は中世の古戦場で、元弘三年（一三三三）の新田義貞《にったよしさだ》と鎌倉幕府軍との戦い、康正元年（一四五五）の鎌倉公方足利成氏《あしかがしげうじ》と山内《やまのうち》・扇谷《おおぎがやつ》両上杉氏との間で、二度の大きな合戦が繰り広げられたところである。その名残が**分倍河原《ぶばいがわら》古戦場**やそこかしこに残るこんもりとした塚に見られる。この辺りも近年宅地化されてしまった。昔日の面影はない。

新撰組と日野宿の人びと

府中宿から多摩川段丘上の街道を西へ歩くこと二里（約八キロ）、日野橋に出る。**日野橋**は大正十五年（一九一六）八月の架橋。それ以前は二〇〇メートルばかり上流の渡し場から小舟で渡っていた。この**渡し場**には大小二艘の平底舟が往復していたという。その様子が長谷川雪提が描いた『調布玉川絵図』の「日野の渡し場」の図に描かれている。

第6図　日野宿周辺図

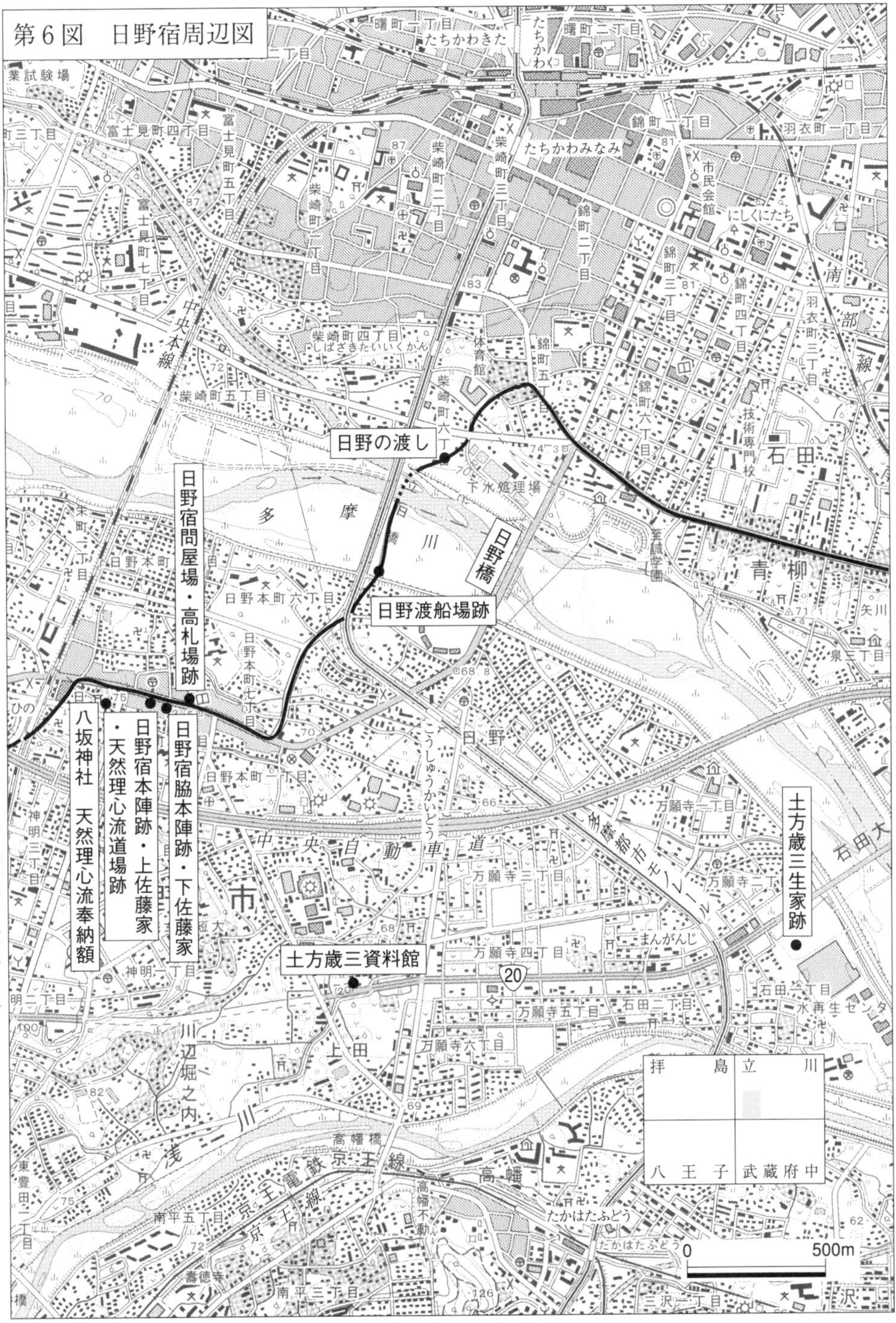

◀（31ページより続く、省略箇所あり）

◀（42ページへ続く、省略箇所あり）

42　日野宿問屋場・高札場跡

43　日野宿本陣跡（門と屋敷）

44　近藤勇生誕の地

この辺りはアユが有名で、子供のころアユ釣りや泳ぎに来たものである。

日野橋を渡ると**日野宿**、かつて**本陣**《ほんじん》一軒（上佐藤家）、**脇本陣**《わきほんじん》一軒（下佐藤家）、旅籠《はたご》二〇軒の比較的大きな宿場で、本陣は都内に現存する唯一のものである。

多摩とりわけ日野は「新撰組《しんせんぐみ》のふるさと」と呼ばれるように、ゆかりのものが多く残されている。

新撰組の局長近藤勇《こんどういさみ》は布田五宿（調布市）の上石原の豪農宮川久次郎の三男で、天然理心流《てんねんりしんりゅう》近藤周助の養子となり、その道場を継いだ。道場は日野の下佐藤家の屋敷内にあったという。

日野宿の鎮守**八坂神社**には、安政五年（一八五八）に奉納された**天然理心流の奉納額**《ほうのうがく》がある。そこには近藤周助を筆頭に井上松五郎・井上渡三郎・沖田惣次郎などの名が記されている。この奉納額は一般公開されていないが、新撰組祭の時に公開するそうである。また土方歳三《ひじかたとしぞう》の生家跡もあり、その墓も、ほど近い石田村の石田寺《せきでんじ》に見ることができる。

日野市には、日野宿、甲州街道、新撰組、自由民権運動などに関する資料を展示し、地域文化の継承と発展を図ることを目的とした日野宿交流館や新撰組ふるさと歴史館・土方蔵三資料館など、幕末から明治にかけての歴史を伝える資料館が整えられている。

45　近藤道場撥雲館跡

46　土方歳三生家跡

47　八坂神社の天然理心流の奉納額

四　江戸の守り

48　永泉寺本堂

八王子宿

多摩川の支流、浅川《あさかわ》を渡ると八王子宿。古くから桑都と呼ばれ、「絹の道」などで知られるように甲州（山梨県）や上州（群馬県）からの絹の集散地であった。甲州や上州は山間の村が多く、痩せ地のため桑を植え、養蚕《ようさん》に現金収入の道を求めたのである。養蚕はさまざまな蚕病や、天候による桑の被害を受けやすい。おまけに相場の変動も激しく、不安定性を持っている製糸《せいし》（絹糸製造）は「生死」と呼ばれるほどであった。

慶応二年（一八六六）六月に起きた武州一揆《ぶしゅういっき》は関東西部から南部にかけての養蚕・製糸地帯に一致している。これは養蚕製糸業の不安定性の現れであろう。こうした状況の下で、豪商や糸繭《いとまゆ》商人たちは巨利を得ていたため、打ちこわしの対象になったのである。幕末から明治にかけてのこの地域の歴史を考えるためには、この時期の輸出を支えた蚕種《さんしゅ》や絹《けん》

49　新町竹の鼻の一里塚跡

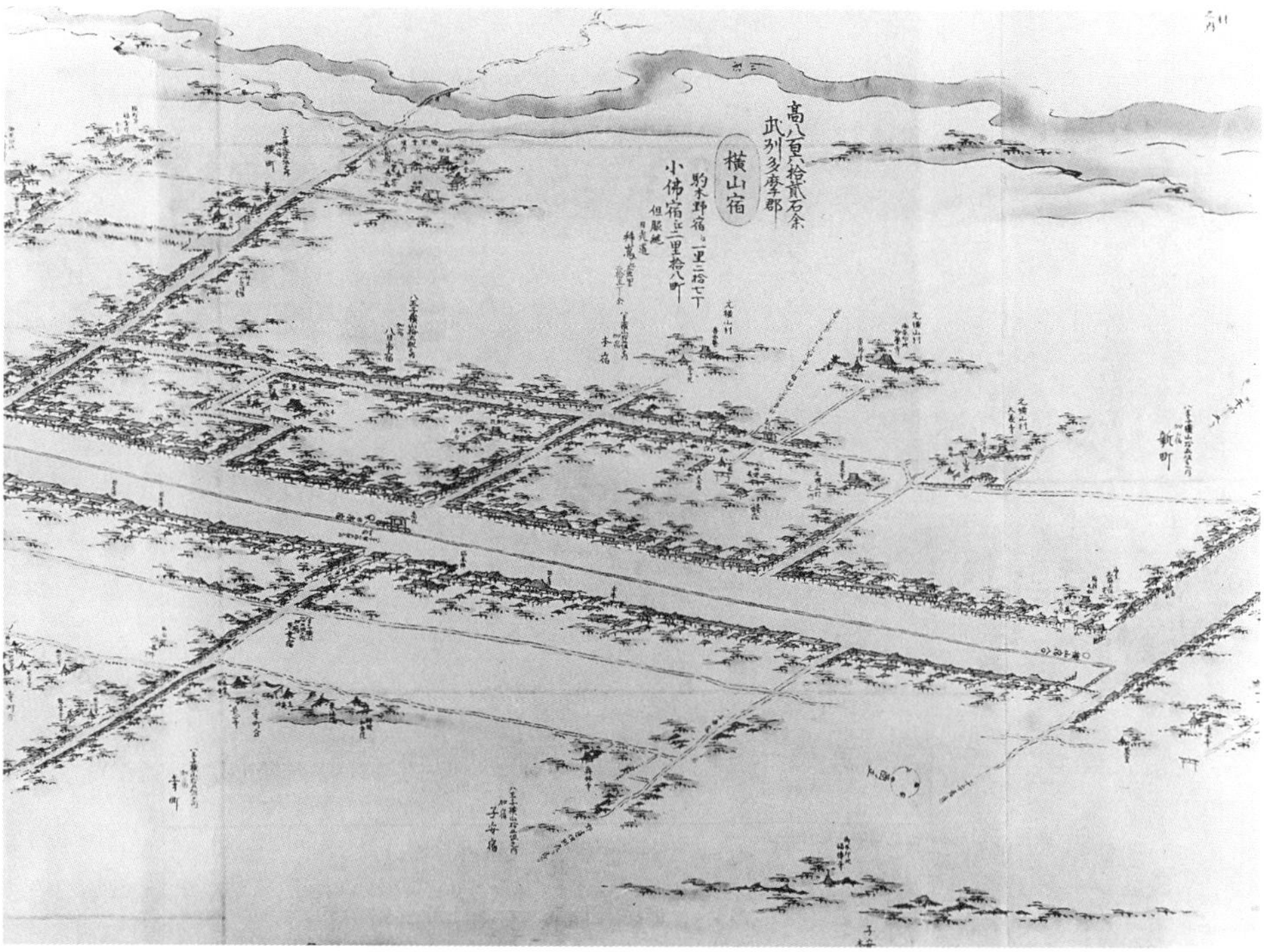

50　八王子(横山宿)(『甲州道中分間延絵図』)

51　大久保石見守長安陣屋跡

52　八王子千人同心屋敷跡記念碑

糸《し》の生産、流通を知ることは欠かすことができない。

信州や甲州方面からの絹糸は江戸時代から「登《のぼ》せ糸」と呼ばれ、人や馬によって甲州街道を運ばれ、上州方面からも旧鎌倉街道などを通って八王子に集められた。これらの絹は八王子の市で取り引きされ、やがてそうした絹を扱う仲買や問屋が店を連ねる問屋街が発展した。

八王子を囲む近郷は、織物を織ることが婦女子の生業で、縞買《しまがい》商人(織物商人)は織元である機屋《はたや》に糸を貸し売りし、また織賃を払って、黒《くろ》八丈《はちじょう》、黄《き》八丈《はちじょう》、夜具地、袴地《はかまじ》などの縞物《しまもの》を引き取り、八王子の市や店で売買した。八王子は材料の絹と、製品の織物の交換市場でもあった。

八王子市では、昭和四十七年(一九七二)に「絹の道」を史跡に指定し、同市の鑓水《やりみず》に「絹の道碑」を建て、絹商人八木下要右衛門屋敷跡の石垣の上に「絹の道資料館」を建設した。八木下家の母屋は明治十八年(一八八五)に鑓水の**永泉寺の本堂**として、移築されている。同寺は弘治元年(一五五五)甲斐武田の一族、永野和泉が建てたと言われている。「絹の道」は横浜とこの地域を結ぶ異国文化の交流する道であり、この道を伝わって黒船見物に浦賀に行った者もあるという。横浜の外国領事館員数人が馬で高尾山に登り、帰りに小仏関所の役人とトラブルを起こしたという。明治六年(一八七三)、日本に着いたテストビィード神父は、横浜を起点にキリスト教の伝道を行い、明治十一年には聖マリア教会を

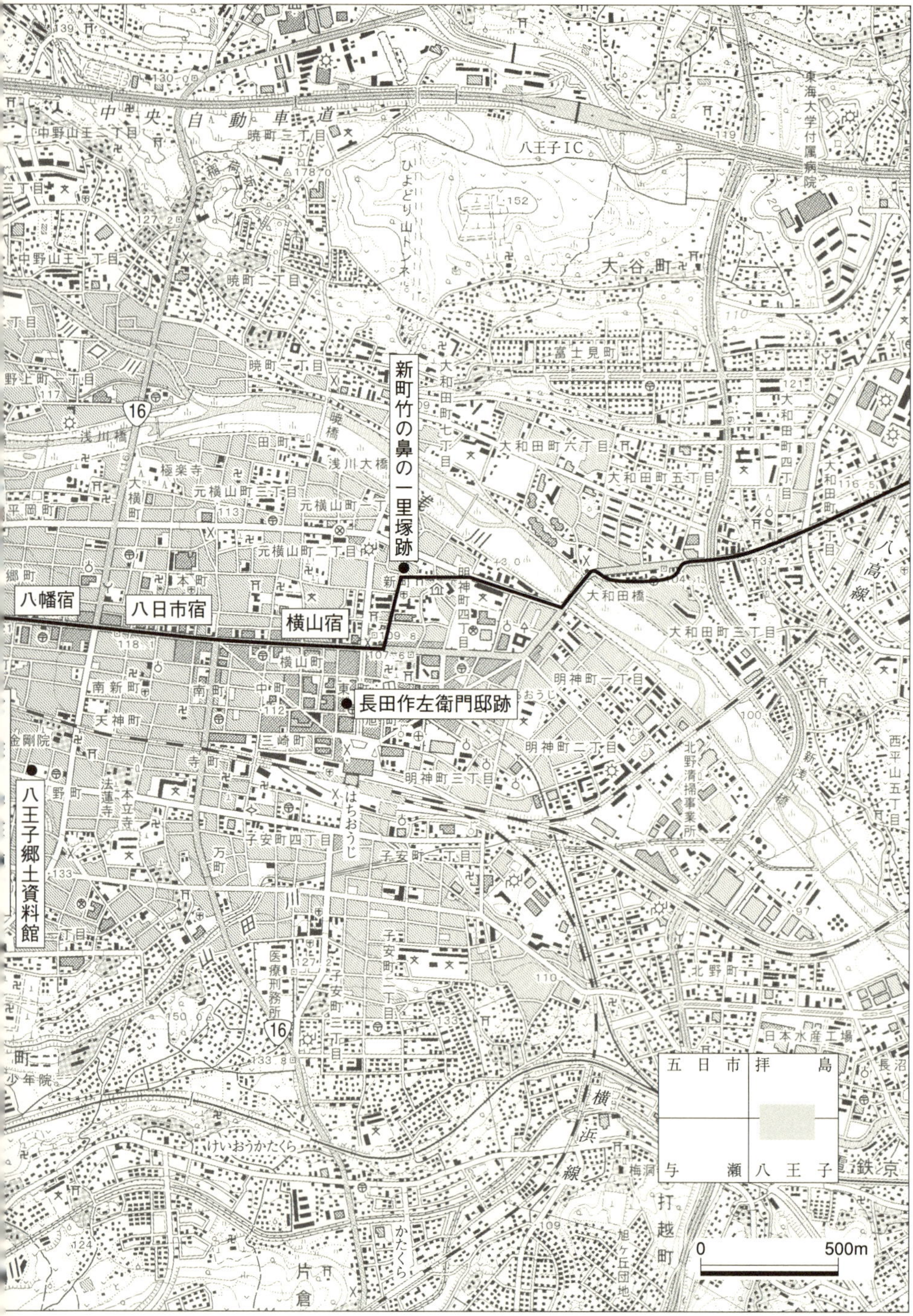

◀（35ページより続く、省略箇所あり）

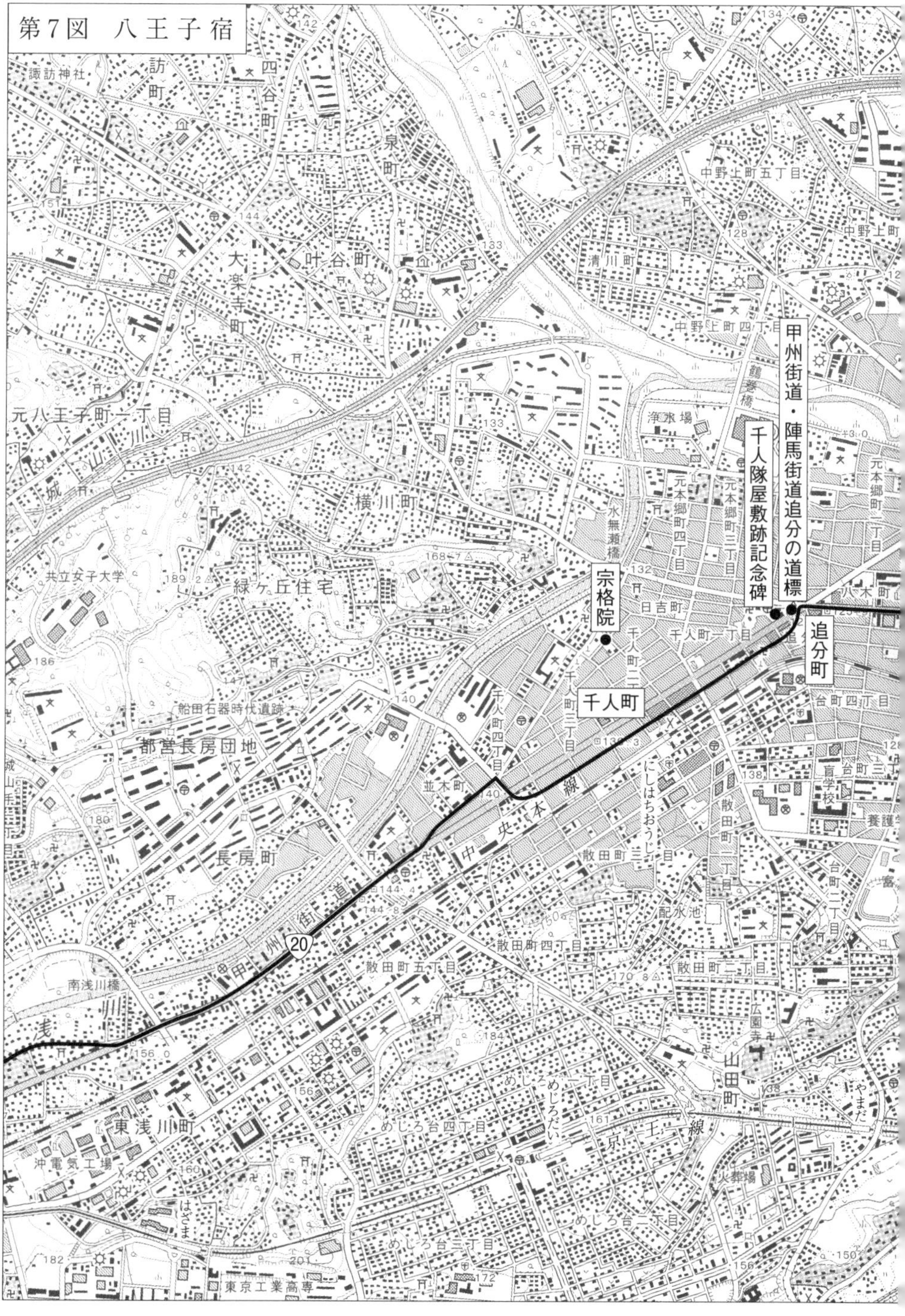

第7図　八王子宿

◀（46ページへ続く）

53　八王子千人同心ゆかりの寺宗格院

八王子に建てた。

こうした異国文化との交流が、八王子の自由民権の土壌を作り出していたのであろう。この多摩の地域では明治十年代以降、豪農層を担い手とした自由民権運動が大きく羽ばたいた。

八王子千人同心、八王子千人隊

八王子は、甲州街道一、二を争う大きな宿場。『新編武蔵風土記稿』には、八王子一五宿として、新町《しんちょう》・横山宿《よこやましゅく》・本宿《ほんしゅく》・八日市宿《ようかいちしゅく》・寺町《てらまち》・八幡宿《はちまんしゅく》・八木宿《やぎしゅく》・横町《よこちょう》・本郷宿《ほんごうしゅく》・久保宿《くぼしゅく》・島之坊宿《しまのぼうしゅく》・小門宿《おかどしゅく》・上野原宿《うえのはらしゅく》・馬乗宿《うまのりしゅく》・子安宿《こやすしゅく》をあげている。これらの街が延々と続く。この中の中心地が**横山宿**である。甲州街道で二〇軒以上の旅籠屋《はたごや》を持っているのは内藤新宿・府中・日野・横山・上野原・下花咲・中初雁・勝沼の八宿だけ。三〇軒を越えたのは横山宿だけで、八王子宿の往時の賑わいが偲ばれる。

この一五宿のほかにも武家拝領地である千人町《せんにんちょう》がある。ここは八王子千人同心＝千人隊の居住地区だった。

八王子千人隊というのは、甲斐の戦国大名武田氏直属の家臣団武田小人頭を母胎とする。天正十年（一五八二）織田信長《おだのぶなが》によって武田氏が滅ぼされた後、天正十八年に徳川家康《とくがわいえやす》が関東に入国すると、要衝の地八王

55　甲州街道・陣馬街道追分の道標

54　甲州街道・陣馬街道追分

子に、代官頭大久保長安《おおくぼながやす》のもと武田小人頭九人を中心に編成し、甲州九口の国境警備に当たらされた。その戦力は群を抜く強さがあったという。彼らは西の防ぎとしての役割を持ちつつ、江戸の火消し取り締まりと日光社参の警護にもあたった。また、寛政十二年（一八〇〇）、安政五年（一八五八）の二回にわたって、蝦夷地の警護と開拓を命じられ、入植を試みた。

甲州街道と陣馬《じんば》街道とがV形をつくる内側に自然石に刻まれた「**八王子千人同心屋敷跡記念碑**」が、宗格院に「千人隊事蹟碑」が建っている。千人同心は八王子から日野・調布にかけての多摩の村々から集められていた。それは、なんとなく新撰組のイメージと重なる。多摩のアイデンティティーの一部を形成しているのであろうか。都立第二中学校に入学した最初の国語の授業で、先生から「郷土の尊敬する人物を言ってみなさい」と質問され、「別に居ません」と答え、先生に「近藤勇が居るだろう。良く覚えておきなさい」と一喝されたことを忘れない。甲州街道が五街道の中でも信州・甲州への防御の意味を持つ軍用道路であったことの現れであろう。

八王子城跡

八王子宿は甲州街道が設定された江戸時代に、突然現れたのではない。

元八王子町三丁目
王子城跡
御主殿の滝
霞ヶ丘団地
多摩御陵
武蔵野東陵
多摩陵
多摩森林科学園
廿里町
八王子ＪＣＴ
西浅川町
中央本線
たかお
小仏関跡
高尾町
初沢町
初沢みころも霊堂
狭間町
高尾町
高乗寺
エコーリフト
たかおさんぐち
高尾登山電鉄
蛇滝
仏舎利塔
琵琶滝
高尾保養院
案内川
高尾霊園
拓殖大学八王子キャンパス
浄水場
与瀬
八王子
青野原
上溝
現谷
南浅川町
20
0
500m

◀（43ページより続く）

第8図　高尾から小仏峠へ

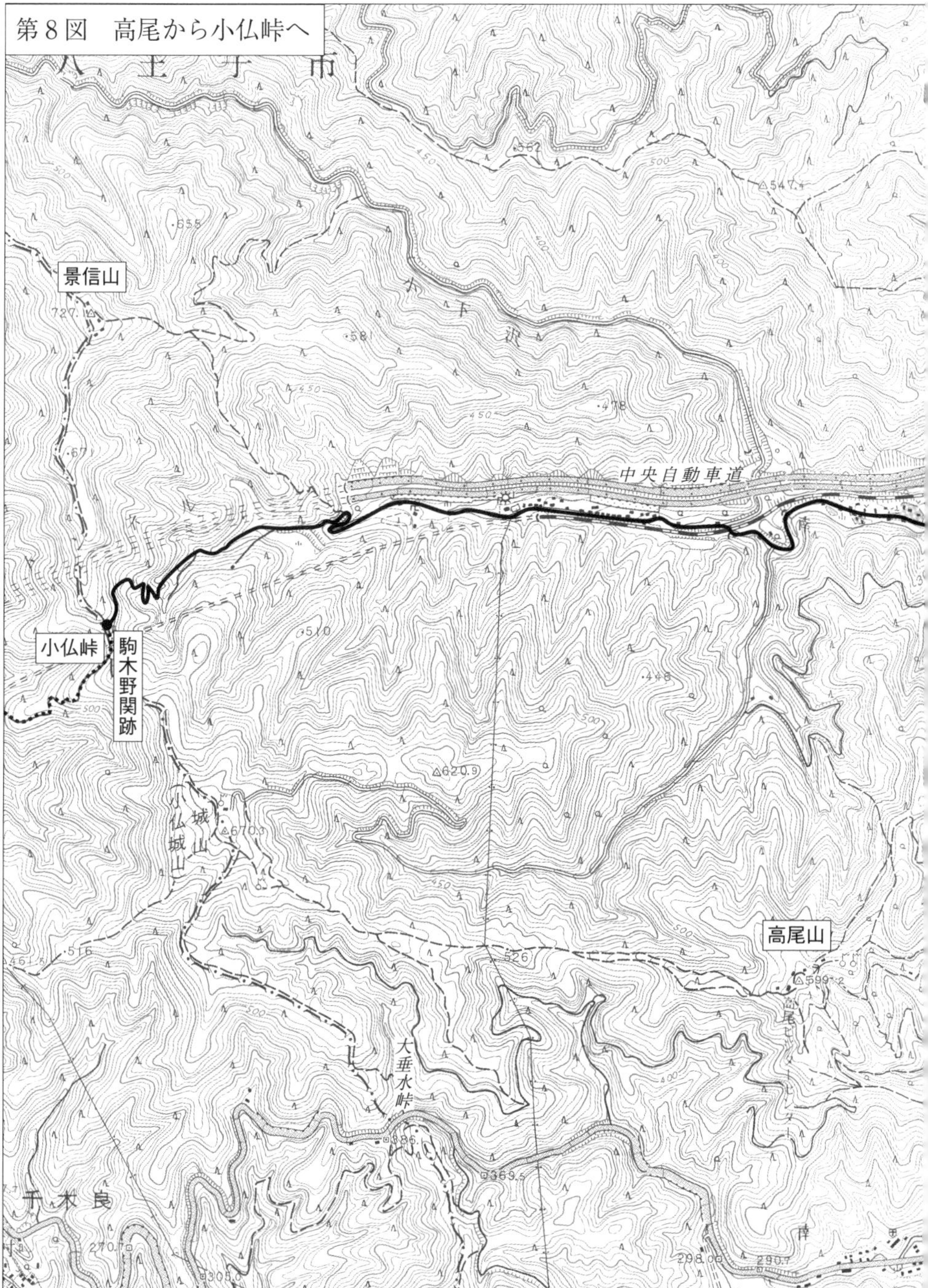

◀（52ページへ続く、省略箇所あり）

56　滝山城跡

57　八王子城跡

それなりの歴史を背負っている。

戦国時代、小田原に本城を構えた後北条氏は各地に支城を置いて領国支配の拠点とした。支城は敵が侵入してきたときの防衛拠点でもあり、城まわりの地域の行政を担当する役所でもあった。こうした意味をもつ拠点として八王子に築かれたのが、北条氏三代氏康《うじやす》の子氏照《うじてる》の居城**滝山《たきやま》城《じょう》**（現八王子市高月町・加住町・舟木町）である。この城は永禄十二年（一五六九）九月に武田信玄の大軍に攻められた。そのときは落城の危機をまぬがれたが、城の弱点が明らかになり、氏照は**八王子城**の築城を思いついた。氏照が築城を始めたのは天正十年（一五八二）ごろと推定されている。近年の発掘調査によると、八王子城は安土城をモデルとして築かれたと推測される。

八王子城は天正十八年（一五九〇）七月五日に小田原城が陥落するわずか一二日前、豊臣軍によって六月二十三日に落城した。

落城とともに、城下の横山・八日市・八幡の三宿の百姓・町人は逃れ、山に隠れた。寄せ手の武将前田利家の家臣川島右近は自身の甥である北条氏照の家人長田作左衛門に命じて、逃げ隠れた百姓・町人を呼び集め、今の八王子一五宿の横山の地に居住させ市場を開いた。横山・八日市・八幡の三宿は八王子宿の基礎となった。

58　小仏関跡とその付近

五　相模渓谷の村と宿

武蔵・相模から甲斐へ

明治二年（一八六九）に甲府県、ついで明治四年に山梨県と改められた甲斐国は、本州のほぼ中央に位置し、武蔵《むさし》・相模《さがみ》・駿河《するが》・信濃《しなの》の国々の山岳に囲まれた内陸国である。

八王子を過ぎると現甲州街道（国道二〇号線）は高尾山の南麓をかすめ、大垂水《おおだるみ》の難所を蛇行しながら、小名路あたりから高尾山の北麓に添って小仏川をさかのぼり、駒木野《こまぎの》の関を抜けて小仏峠を越える。

駒木野関はもと小仏峠の嶺上にあり、**小仏関**といわれていたという。八王子北条氏が甲斐の武田氏に備えて築いた砦《とりで》に似た役割を果していた。江戸時代に入ると桂川《かつらがわ》沿いに移され、今は関所跡も取り払われ、坂道も草木に覆われ通ることができない。

街道は小仏峠《こぼとけとうげ》を越えると相模国の最北端津久井領の「甲州道中相州

59　駒木野宿跡碑

四ヵ宿」と呼ばれる小原宿《おばらしゅく》・与瀬宿《よせしゅく》・吉野宿《よしのしゅく》・関野宿《せきのしゅく》に続く。このうち小原宿と与瀬宿は合宿《あいじゅく》とか片継ぎと称され、上りの場合は与瀬宿から出て小原宿を通過し、下りのときは小原宿を出て与瀬宿は通過する継送りである。小原宿には**本陣**を勤めた清水家の屋敷が残され、往時の本陣の面影を今に伝えている。

相・甲の境界が境川《さかいがわ》。この小流が都留郡を貫流してきた桂川へ落ちるところから、桂川は相模川《さがみがわ》と名を変える。相州四ヵ宿はこの渓流に沿って甲斐に向う。

湖底に沈んだ相模渓谷の村々

相模川は日中戦争が激化するなかで、都市用水、電力・工業用水、農業用水の不足をおぎなうために神奈川県の相模川河水統制事業の一貫として堰き止められた。その結果できたのが**相模湖**である。相模ダムは昭和十五年（一九四〇）に着工されたが、途中第二次大戦のため工事は中断され、一九四七年に完成した。わが国最初の人工湖である相模湖は都心から近いことから観光地として人びとを集め、東京オリンピックではカヌーの競技場となった。

相模湖の造成により、桂川・相模川の景観は失なわれ、日連村勝瀬《ひづれむらかつせ》地区全域の九三戸は湖底に没し、住民は故郷を捨て、高座郡海老名村《えびなむら》（現

60　小原宿の景観

61　小原宿本陣跡
（門と母屋）

◀（47ページより続く、省略箇所あり）

第9図　小原宿から関野宿へ

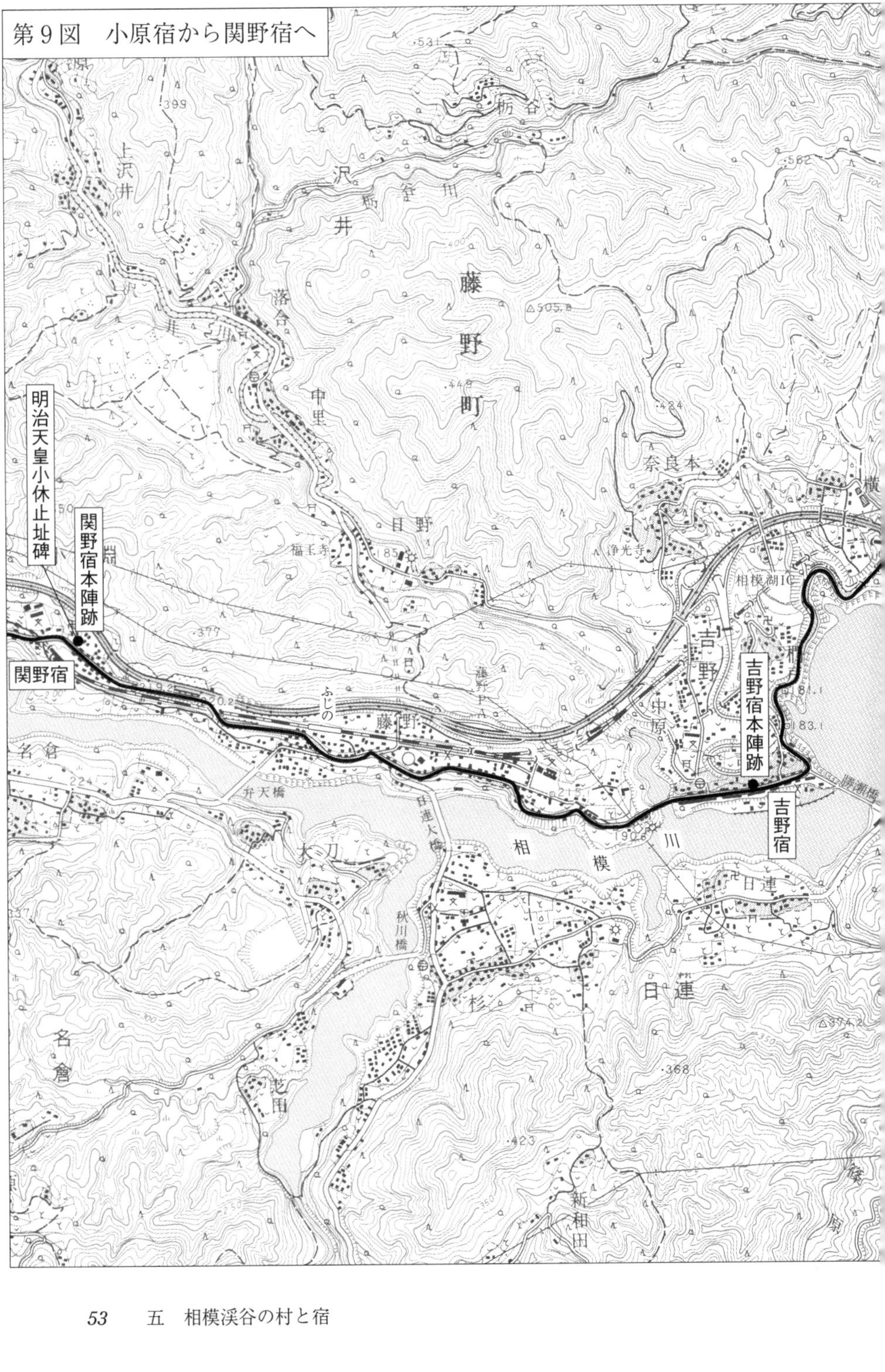

◀（62ページへ続く）

62　相　模　湖

海老名市）に集団移住させられた。

ところで小原宿と合宿であった与瀬宿は、相模川に面し、木材の川流しや舟運で成り立っていたが、甲州街道とともに相模湖畔に移され、かつての街道と宿場は湖底に沈んだ。

当時、湖底に沈む村民たちは先祖伝来の土地・墓を失い、生活の糧をうばわれる悲惨を訴え、反対運動をすすめてきたが、「事変下の今日最も緊急な軍需的準備の一つ」であるとして押し切られた。また相模湖ダム建設工事では、朝鮮や台湾から徴用された労働者がきわめて悪い労働条件のもとで強制労働をさせられ、多くの犠牲者を出した。

相模湖の完成により、二つの発電所から五万余キロワットの電力と、横浜・川崎の両市へ六〇〇万人分の上水が供給され、相模原一帯の水田開発用水の供給に役立っている。また今日では相模湖駅は、湖上遊覧、キャンプ、そして奥高尾・景信・陣馬・明王峠などへのハイキングの足場として賑っている。

今は美しい水面《みおも》を見せる相模湖も、湖水の底に沈んでいる歴史の面影を忘れることはできない。私も戦後間もなく、国立駅から始発の有蓋貨車で立川の高校へ通ったことがあった。戦災で電車や客車が不足していたのであろう。その汽車は与瀬行きであった。与瀬と言えば、高校の先輩が、帰路デッキにぶらさがり与瀬に帰る途中、トンネル入口の信号機

63　吉野宿本陣跡土蔵

にぶつかり亡くなったことが忘れられない。

相模国の最後の宿、吉野宿と関野宿

与瀬を出て相模湖畔を歩くと、宿場の屋並を残す吉野宿。**本陣**は承久の乱（一二二一）のころ、奈良の吉野からこの地に移り住んだという吉野家が務めていた。本陣は五層楼閣で街道中最大であったという。吉野宿から旧道と中央自動車道が入組んで走る国道二〇号を一・三キロ歩くと相模国の最後の宿、関野宿。本陣跡は「明治天皇小休止址碑」の脇。鉄道も自動車もない明治十三年（一八八〇）六月、山梨から長野をへて三重県に明治天皇が巡行した時の碑。沿道はさぞ大変なことであったであろう。

関野で小休止した天皇は次の日、上野原に泊った。上野原には当時の山梨県令藤村紫朗《しろう》が迎えに出て、同夜は同町の本陣藤田胸太郎邸に泊っている。同邸は建物も外門を焼失、いまは内側の門と塀が残るだけである。同夜、献立としてヤマメを用立てたのは郡内きっての釣名人、平賀弥兵衛という川越し人夫だったという。

山中湖に源をもつ桂川は県境を越えると相模川になるが、アユやヤマメの釣場であった。この川も相模湖ができた今は、その面影はない。年々稚魚を放流して辛じてシーズンを楽しんでいる。

II

山中の甲斐路を行く

64　下花咲宿 星野家住宅

下花咲宿で本陣・脇本陣をつとめたのが星野家．星野家は問屋・名主も兼務していた．現存する本陣は味噌蔵・文庫蔵とともに国の重要文化財．この建物は天保末年に再建されたもので，当時のこの地域における大規模民家の姿を今日に伝えている．現在の桟瓦葺の屋根は，もとは板葺屋根であった．

65　境　川

一　相模・甲斐の境界

甲州への第一歩、境川の関所跡

相甲の境界、**境川**《さかいがわ》にかかる境川橋を渡り、国道から少し乙女坂を登ったところに**境川関所跡**がある。道の両側にわずかに石垣が残っているだけ。諏訪村《すわむら》にある**諏訪神社**に近いところにあるところから、俗に諏訪の関所ともいわれた。

諏訪村は上野原《うえのはら》の枝郷《えだごう》。上野原は甲斐に入って最初の宿場であり、甲斐国四郡の一つ、郡内《ぐんない》（都留郡の通称）に位置していた。現在の都留郡の東部に位置し、山地が圧倒的部分を占め、田は少なく、雑穀生産を主とする畑地もそれほど多くはない。

こうした自然環境にある郡内の経済を支えたのが、山稼《やまかせぎ》や甲州街道・鎌倉往還《かまくらおうかん》での駄賃稼《だちんかせぎ》をしのぐ絹織物生産であった。郡内領の都留郡の村々は古くから郡内織またはたんに郡内と呼ばれる絹織物の産地で、

66　境川関所跡

67　諏 訪 神 社

68　諏訪村の景観

69　上野原宿の景観

男女とも養蚕と機稼《はたかせぎ》に専念して収入を得ていたといわれている。

この地域の絹・紬《つむぎ》の生産が郡内の特産品として定着してきたのは寛永十年（一六三三）に谷村《やむら》藩主となって入部した秋元泰朝の殖産政策によるものと考えられている。元禄期（一六八八～一七〇四）には、江戸の越後屋では店内に日野絹《ひのきぬ》（上州絹）と郡内絹を並べて販売し、白木屋の江戸店でも貞享三年（一六八六）から郡内縞《ぐんないじま》の仕入をはじめたという。井原西鶴の『好色一代男』や『好色五人女』に郡内縞の名がしばしば見えるが、それは当時、郡内縞に代表される郡内絹が江戸庶民の生活の中に普及していたことを物語るものであろう。

享保十七年（一七三二）の『万金産業袋《ばんきんすぎわいぶくろ》』には郡内縞・白郡内・織色郡内（海気）・郡内太織・郡内平など各種の織物が、都留市・大月市・富士吉田市などこの地域の村々で生産されていたことを明らかにしている。

機業地としての発展は相模・駿河や甲斐東部の養蚕地帯からの原糸の購入を増加させた。この間、越後屋や白木屋をはじめ郡内絹を商う江戸の大店《おおだな》は、流通上の拠点となる郡内の村々の在地商人を買宿《かいやど》とし、手代を向けて郡内織物の仕入にあたらせた。買宿の中には絹問屋へ営業を拡大し、他国へ旅売り行商をいとなむ者もあらわれた。

最初は、郡内織の生産と集荷の核となっていた谷村に買継商（問屋）や仲買が集中していたが、絹織物の生産流通の発展は地域市場の成立を

70　上野原宿本陣跡

もたらす。上野原宿には寛保二年（一七四二）に一・六日を市日とする六斎市《ろくさいいち》が開設され、以来郡内における唯一の市としてにぎわった。のちに猿橋宿（大月市）、ついで下吉田村（富士吉田市）に市立《いちだち》の運動がおこったが、上野原宿の反対にあって実現しなかった。

上野原界隈

古くは古郡郷《ふるごおりごう》の郷域で、平安末期から鎌倉初頭にかけて武蔵七党の横山氏から出た古郡氏の支配下にあった。建暦三年（一二一三）和田義盛《わだよしもり》の乱で古郡氏は滅亡し、後に武田氏の家臣となった加藤兵衛尉がこの一帯に勢力を伸した。桂川支流の鶴川河岸段丘上に築かれた内城館跡《うちじようやかたあと》は、古郡・加藤両氏の居館跡と伝えられている。

桂川の左岸には新田《あらた》の津出場《つだしば》があり、ここから桂川と支流域の村々から伐り出された材木や薪炭などが筏流《いかだなが》しや高瀬船《たかせぶね》で相模川河口の須賀《すが》浦《うら》、馬入へ運ばれた。

また、この舟運によって多くの物資が運ばれ、寛保二年（一七四二）から毎月一・六の日に市が開かれ商業活動が盛んな宿場であったという。上野原宿は甲斐国最初の宿場であった。ところで、相模湖の造成でアユの遡上がさまたげられる前までは、このあたりの桂川筋はアユ漁でにぎわっていた。今はその面影をとどめていない。

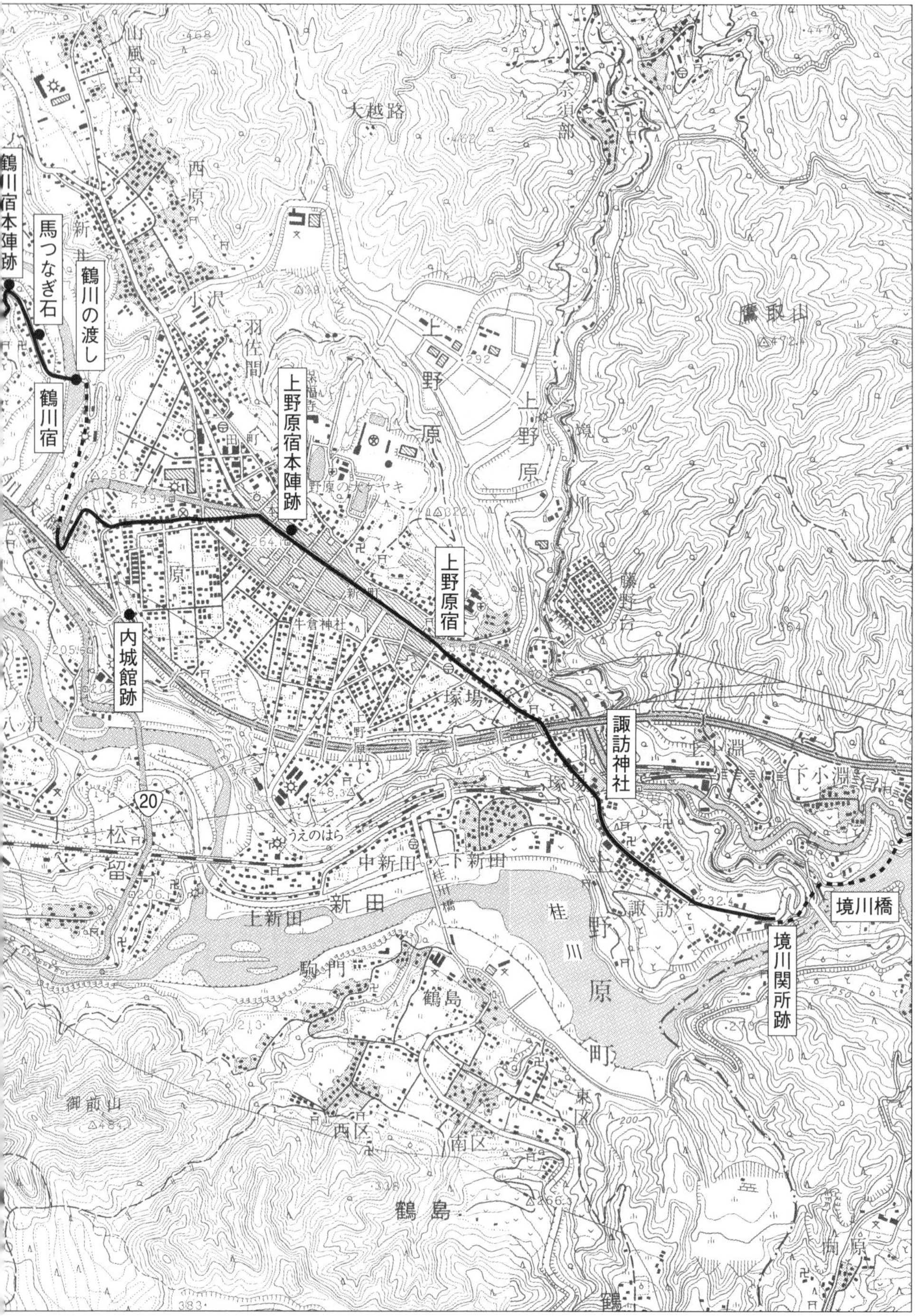
鶴川宿本陣跡
馬つなぎ石
鶴川の渡し
鶴川宿
上野原宿本陣跡
内城館跡
上野原宿
諏訪神社
境川関所跡
境川橋
上野原
鶴島
大越路
新田
20

◀（53ページより続く）

第10図　境川・上野原宿から野田尻宿へ

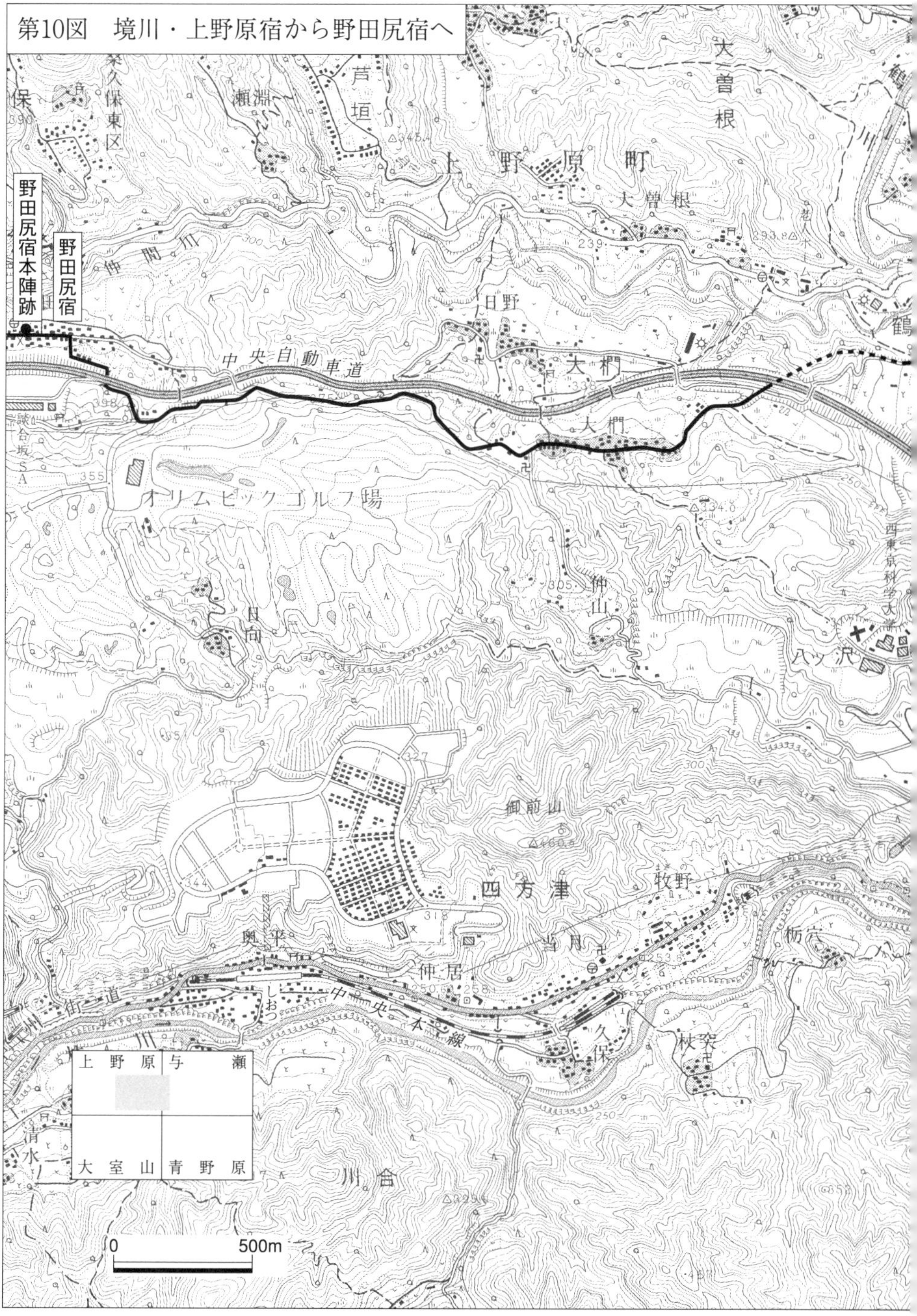

◀（68ページへ続く）

二　峡中の甲斐路へ

71　鶴川への道

「風林火山」の里、甲斐路に入る

上野原を出て、段丘を下る途中から旧街道は、かつての鶴川の渡しへそれて行く。旧街道は**野田尻宿**・犬目宿、そして鳥沢宿まで、深い山や渓の間をうねうねと続く。鶴川の渡しで桂川と呼ばれる相模川を渡れば野田尻宿。明治十九年（一八八六）の大火で宿内の町並はほとんど焼失し、往時の面影を偲ぶことはできない。同宿のはずれには、甲州霊場の第七番札所である**西光寺**がある。門前には「甲州道中遍路みち」と書かれた案内板が立て掛けてある。

野田尻宿から街道を行くと中央高速道路にかかる矢坪橋に出る。その手前を真直ぐ行くと中央高速上り線の談合坂サービス・エリアがある。このサービス・エリアは一般道から徒歩で入れる。街道歩きのハイカーたちに大人気である。この当りは享禄三年（一五三〇）四月二十三日、

72　鶴川宿の景観

73　野田尻宿の景観

74 西　光　寺

75　犬目宿の景観

小山田信有《のぶあり》と北条氏綱の合戦があった古戦場。サービス・エリアのある団子坂を談合坂と武将たちが寄合ったことを暗示する名前にしたのであろう。

犬目宿

野田尻宿を出て急な街道を登ると、葛飾北斎の「**富嶽三十六景甲州犬目峠**」で有名な**犬目宿**。犬目峠は甲州街道の中で最も高い所で、富士山の絶景ポイントの一つである。犬目の宿は野田尻宿などと同じように、もの静かな佗しい宿場である。この附近はしばしば通りの位置を換えているし、本陣も零落している。年代を感じる家は旧道沿いから移築されたものであった。しかも、昭和四十五年（一九七〇）の大火で今は見る影もない。犬目宿には後にふれる郡内一揆の頭領となった**犬目兵助の墓**がある。

思い出の釣り場、大野貯水池

中央本線四方津《しおつ》駅《えき》から犬目宿に向かって、山道を登っていくと、**大野貯水池**に出る。この地は大正時代に完成した八沢発電所の一部で、現在は国の重要文化財に指定されている。昭和十二年、小学二年生の春に、釣り好きな父に連れられて、この池にハヤ釣りに行った。当時の湖畔は

76　甲州犬目峠
（葛飾北斎「富嶽三十六景」のうち）

77　犬目から望む富士山

78　犬目兵助の墓

西光寺
荻野
中央自動車道
矢坪
矢坪橋
新田
安達野
犬目宿問屋大津屋
犬目宿
犬目
上り線談合坂
サービス・エリア
談合坂
犬目兵助の墓
犬目宿本陣跡
大野
花坂
西大野
東大野
老人ホーム
谷後
高橋
大野貯水池
大野ダム
大沢
目留野
サンメンバーズゴルフ場
大田
南米沢
斧窪
梁川町新倉
梁川町綱之上
やながわ
梁川町塩瀬
立野
桂川
綱之上
大月
上野原
都留
大室山
0
500m

◀（63ページより続く）

第11図　犬目宿・鳥沢宿

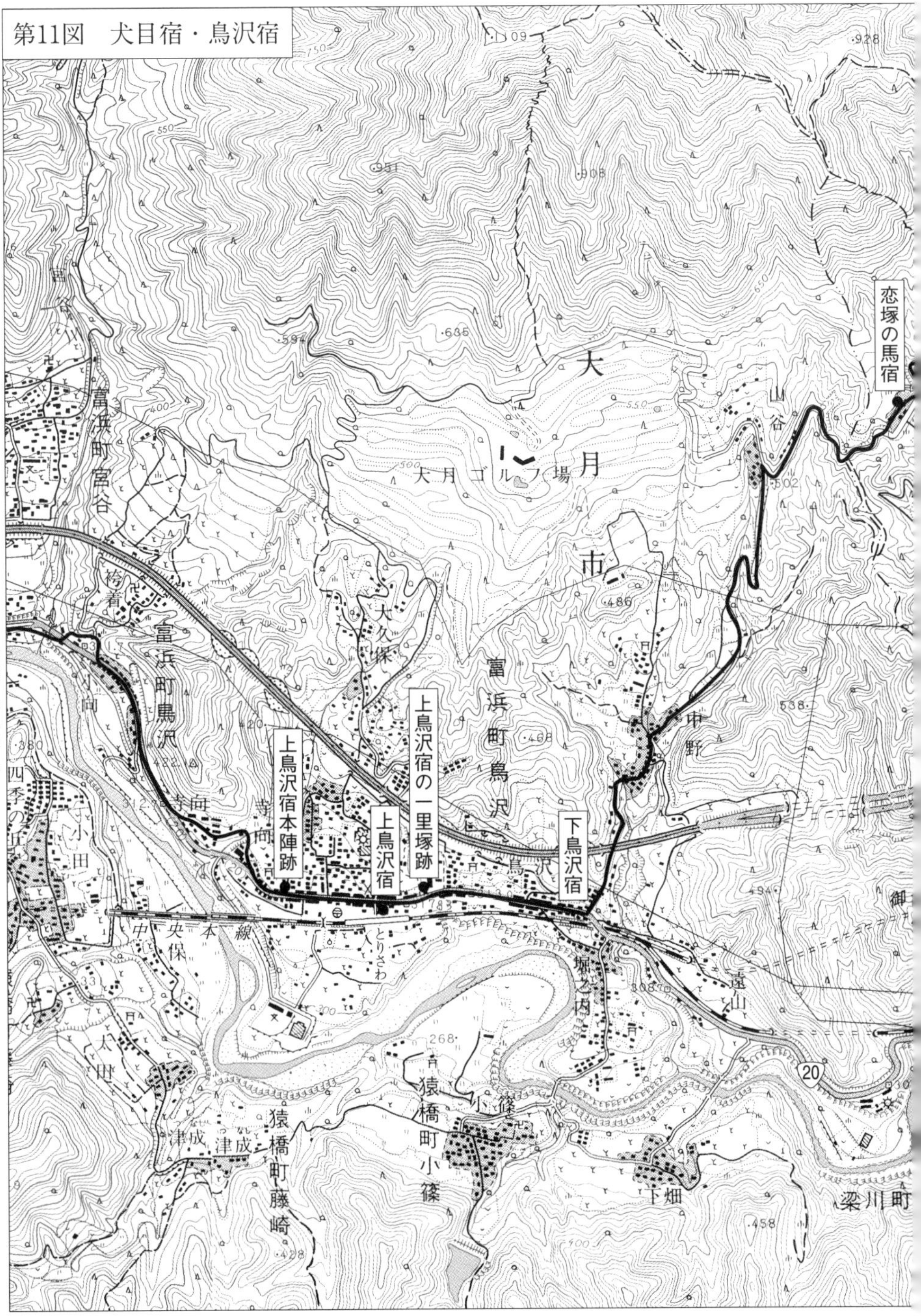

◀（74ページへ続く）

79　犬目の集落景観

80　犬目宿・鳥沢宿間の甲州街道

81　大野貯水池

82　鳥沢宿の景観

雑木と竹に覆われ、釣り竿を流して叱られたことを覚えているが、魚が釣れたかどうかは覚えていない。現在の湖畔には桜が植えられ、周囲の山々と調和した美しい景観を見せている。

昔の屋並を残す鳥沢宿

犬目宿を後に、荻生徂徠《おぎゅうそらい》が『峡中紀行《きょうちゅうきこう》』で書いている恋塚から山谷坂へかかると、下鳥沢で現在の大月市域に入る。恋塚の近くには地元では馬宿と呼んでいる入母屋造りの母屋と馬四頭が入る別棟の馬屋が残っている。甲州街道は急坂を南に下って、宿の入口に近づくと桂川沿いに進む。下鳥沢は上鳥沢との合宿《あいじゅく》である。上鳥沢はわずか五町（約五五〇メートル）の小さな宿場であったが、鳥沢全体の屋並はかなり長く、国道二〇号線と合流して道路を拡張しても、その屋並は昔のままであった。この宿場は街道の道路と各家の間に、馬を繋いでも、駕籠《かご》や荷物を置いても、表の道路の通行にはさしつかえない道幅が確保されていたのであろう。**鳥沢宿**は各自の家の前にあった馬繋《うまつなぎ》や荷物を処理するスペースを国道のスペースにするだけで対処できたのである。それによって鳥沢宿は往時の宿場の姿を今日に伝えている。

83 「甲陽猿橋之図」歌川広重

84 猿　　　橋

85　岩殿山遠景

日本三奇橋を残す猿橋宿

犬・鳥に続いて猿、鳥沢から桂川に沿って左岸をのぼること二六町（約二・八キロ）、桂川が南へ大きく曲った所に架けられた名勝**猿橋**《さるはし》を渡る。そこが猿橋宿。猿橋は、この地まで流れ下った富士山の溶岩流が長い年月をかけて侵食された深い谷に架けられた橋で、橋脚が立てられないため、両岸から刎木《はねぎ》を四段に長く重ね、最上部の刎木の上に橋桁《はしげた》を渡して連絡した橋である。この橋は岩国の錦帯橋《きんたいばし》、木曽の桟橋《かずらばし》とともに日本三奇橋といわれた。猿がお互いに体を支え合って橋を作ったとの言い伝えがあり、国の名勝に指定されいる。

言い伝えと言えば、ここには「忠治そば」という蕎麦がある。国定忠治は、猿橋の上で追手にとり囲まれ三十余尋もある橋上から飛び込んで逃げたというものである。無鉄砲な忠治らしい離れ業を表したものであろう。また近藤勇がここを敗走するとき、一隊員が橋を焼いて西軍の追撃をくい止めようと進言したとき、里人のために、その進言をしりぞけたとの言い伝えがある。

この地域も絹や紬の産地であり、寛政二年（一七九〇）から翌年にかけて、猿橋宿は市立てを願い出たが、谷村（都留市）や郡内唯一の市が開かれていた上野原の反対にあい、市立ては認められなかった。猿橋宿

七保町下和田
市営グラウンド
養護学校
賑岡町岩殿
賑岡町ゆりケ丘
石動団地
猿橋
駒橋発電所
猿橋宿
猿橋町猿橋
新道
賑岡町強瀬
猿橋町伊良原
駒橋宿
駒橋一丁目
さるはし
猿橋町殿上
宅地造成中
小倉
猿橋トンネル
猿橋町藤崎
小沢川
田中
猿橋町小沢
幡野
猿橋町朝日小沢
笹子
大月
河口湖東部
都留
0
500m

◀（69ページより続く）

第12図　猿橋宿・大月宿・花咲宿

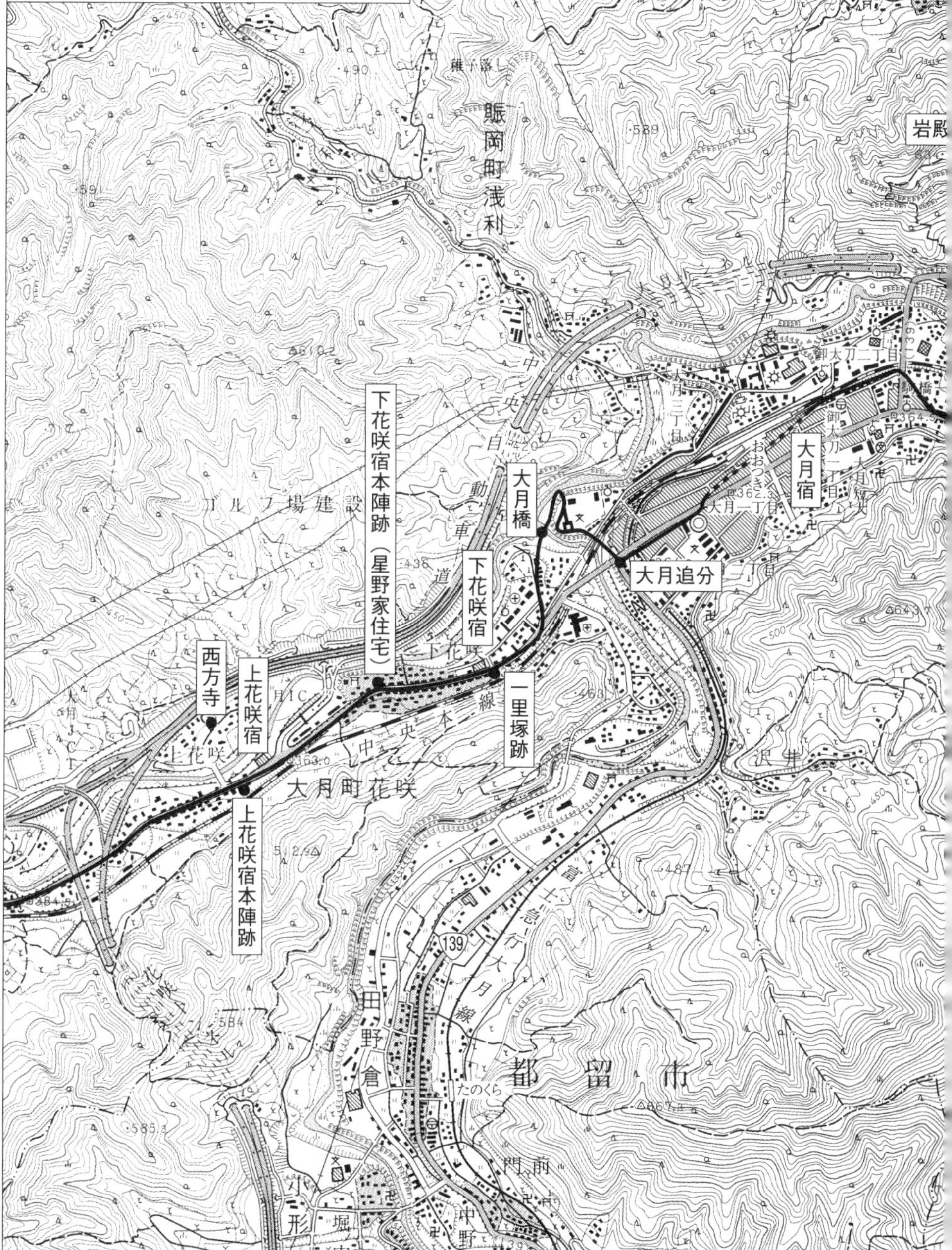

◀（82ページへ続く）

『甲斐叢記』は，編者は甲州人大森快庵．扉に「一名甲斐名所図会」と記されている．

86　岩殿山・大月橋・桂川（『甲斐叢記』）

に織物取引市場が開設されたのは明治七年（一八七四）であった。

猿橋を渡った宿場から桂川右岸を進むと現大月市の駒橋宿に出る。ここには明治四十一年（一九〇八）に完成した駒橋発電所がある。東京への遠距離送電で注目された。

このあたりから桂川をへだてて大きく切立った**岩殿山**《いわとのさん》が目に入る。この山は修験《しゅげん》の霊場で本山派《ほんざんは》の円通寺があったが、戦国期の山城、岩殿城として知られている。天正十年（一五八二）に織田・徳川連合軍に追われた武田勝頼が落ちのびようとした城であった。そのとき勝頼は郡内を領した小山田《おやまだ》氏に阻まれた。

富士信仰の追分、大月宿

駒橋発電所から桂川沿いをしばらく行くと、富士山道との追分《おいわけ》、大月宿に出る。大月の地名は室町時代から見えるが、江戸時代に入り、寛文九年（一六六九）の検地で駒橋村から分村され、甲州街道の大月宿が形成された。『甲州道中宿村大概帳《しゅくそんたいがいちょう》』によると天保十四年（一八四三）の宿内家数は九二軒、宿の中ほどに建坪六五坪の本陣が一軒、それに二軒の脇本陣があったと記されている。旅籠屋《はたごや》は二軒しかなかったが宿継《しゅくつぎ》立問屋場《たてといやば》は宿の中ほどにあり、問屋一人、年寄八人、馬指《うまさし》一人が居た。高札場《こうさつば》は宿内の六貫目石橋際にあり、郷蔵《ごうくら》も一ヵ所あった。桂川に架

87　大月追分

かる**大月橋**は高欄付きの長さ三四間（約六二メートル）、幅一間四尺（約三メートル）の板橋であった。下花咲宿までは村がなく、並木や一里塚も、立場《たてば》もなかった。宿の両側には家並が続くが、その他は田畑で、耕地は田がちであった。用水は桂川から堰《せき》で引き入れていた。農間期に男は薪を取り、女は絹・紬などを織っていた。また桂川で漁猟を行う者がいた。

大月は近代に入っての富士北麓の開発にともない、その入口として発展した。現在はJR中央線と中央自動車道が東西に走り、中央線は大月駅から富士急行に接続、分岐して河口湖に至る。中央自動車道は大月ジャンクションで中央自動車道富士吉田線へ結ばれている。ここまで甲州街道とつかず離れず並走してきた国道二〇号はここから国道一三九号と分岐した。この分岐点は**大月追分**と呼ばれ、そのT字路には「右甲州道中、左ふじみち」の道標が現存している。

ところで江戸時代中期以降、諸街道の交通や宿泊施設の整備がすすみ、庶民の生活にゆとりがでてくると、寺社参詣や湯治《とうじ》を目的とした庶民の旅が増加する。甲斐からの寺社参詣は伊勢参りが圧倒的に多かった。

一方、甲斐は日本一の霊峰富士をはじめ、金峯山《きんぶさん》・鳳凰山《ほうおうさん》・大菩薩嶺《だいぼさつれい》など霊山を中心に山岳信仰が展開してきた。その中でも参詣者を甲斐へ招いたのは、富士山と日蓮宗徒の霊山身延山《みのぶさん》であった。富士山信仰は古くからあったが、戦国末期に修験者として現れた長谷川角行《はせがわかくぎょう》が、近世の富士講の始祖といわれ、江戸時代には富士登拝が一般化した。江戸中期になり、呪術的な祈禱を否定し、各自の家業に励むことで、富士の神に救われるとする身禄《みろく》派が優勢となると、現世利益《げんぜりやく》的信仰を求める江戸庶民を中心に富士講《ふじこう》は拡大した。その結果、身延山への参詣の大衆化とともに甲州街道は信仰の道として利用され、富士道と分岐する大月宿は富士講の人たちが行き交って賑いをみせた。

三　郡内織のふる里を行く

88　下花咲宿本陣跡　星野家住宅

郡内縞の産地花咲宿

大月橋から笹子峠を源流とする笹子川沿いに遡ると花咲宿。花咲宿は下花咲宿と上花咲宿の合宿である。下花咲宿で本陣・脇本陣を勤め、問屋・名主も兼ね勤めた**星野家の住宅**は、味噌蔵・文庫蔵の付属家とも三棟が国の重要文化財である。天保年間に焼失したが、天保の末ごろに再建された。主居は間口一一間（約二二メートル）、奥行八間（約一四・五メートル）、切妻造りの二階屋で、現在は桟瓦葺《さんがわらぶき》になっているが、もとは板葺屋根であった。江戸後期のこの地域の大規模民家の姿を今日に伝えている。

花咲は江戸時代中ごろには郡内織のなかでも白絹の上物を製織したところとして知られていた。享保五年（一七二〇）ごろには年間六〇〇〇疋（四五〇両）を織り出していたとの記録がある。その原料絹糸の六〇％は

89　山本周五郎生誕の地碑

90　下初狩の二十三夜碑

甲斐東部の養蚕地帯や相模から購入されていた（『大月市史』）。

初狩宿から郡内一揆発端の舞台白野宿へ

良質の郡内縞の産地、花咲宿を出ると、下級武士や市井人《しせいじん》の哀歓を多く描いた小説家**山本周五郎生誕の地**、下初狩宿。下初狩宿は中初狩宿と半月交勤の合宿である。馬頭観音や常夜灯が並ぶ。

初狩は東国廻国中の聖護院道興が、文明十九年（一四八七）正月に甲斐に入って帰雁《きがん》を詠んだ地であり、十返舎一九《じっぺんしゃいっく》も『諸国道中金之草鞋』の「身延道中之記」に狂歌をそえている。この地は古くから旅人に特別の感懐を抱かせていたのであろう。笹子川の北岸の**法雲寺**には康応二年（一三九〇）と推定される県指定文化財の阿弥陀三尊迅来迎板碑《あみださんぞんじんらいごういたび》がある。この地域には甲斐で最古の弘長元年（一二六一）の富士吉田市小明見の西方寺の板碑（県指定文化財）などが集中しているが、いずれも秩父産の青石《あおいし》が用いられている。西方寺は慶長年間に禅宗の廃寺を再興したものといわれている。他の地域ではこの青石を使っていないことから、この地域が秩父と結びついた文化圏にあったことを想像させる。これも旅の面白いところであろう。

左右に山地がせまる渓谷をすすむと笹子峠東麓の白野・阿弥陀海道《あみだかいどう》・黒野田へと進む。この三宿は合宿で白野は八日間、阿弥陀海道は七日間、

91 法雲寺

黒野田は一五日間宿継を交代で勤めた。

花咲から黒野田まではすべて合宿、一宿では宿継を勤め切れないのである。普通の稼ぎは道中筋の他の村々と変りはないが飢饉では極端な疲弊に落ち込んだ。

天保七年（一八三六）八月、甲斐一国を騒乱にまきこんだ打ちこわしが起った。郡内農民の蜂起が発端になったことから、郡内騒動《ぐんないそうどう》とよばれている。

天明の飢饉から五〇余年たった天保四年に冷害に起因する凶作が起り、翌年の端境期《はざかいき》（九～十月ごろ）には各地に飢餓状態を現出させた。この年の飢饉で絹類の値段は下落する一方、他国から購入しなければならない米や雑穀は高騰し、人々の生活を苦境に落し入れた。

二年後の天保七年、両度の冷夏は大凶作を招いた。黒野田では、天保七年の冬から翌年の秋までの間に家数九一軒のうち四二軒が減少し、四〇〇人のうち死者が四九人、乞食となった者が一二人を数えた。

郡内領では生活の窮迫を代官所へ訴えたが、適切な施策は得られず、人びとの不満は国中の米穀商の買占めにむけられていった。

道中筋を中心とした民衆が蜂起したのが天保七年八月であった。他の地域の者を合せ、およそ八〇〇人が結集したのが**白野宿**である。その頭領になったのが、犬目村の村役人兵助、下和田村の武士であった。白野

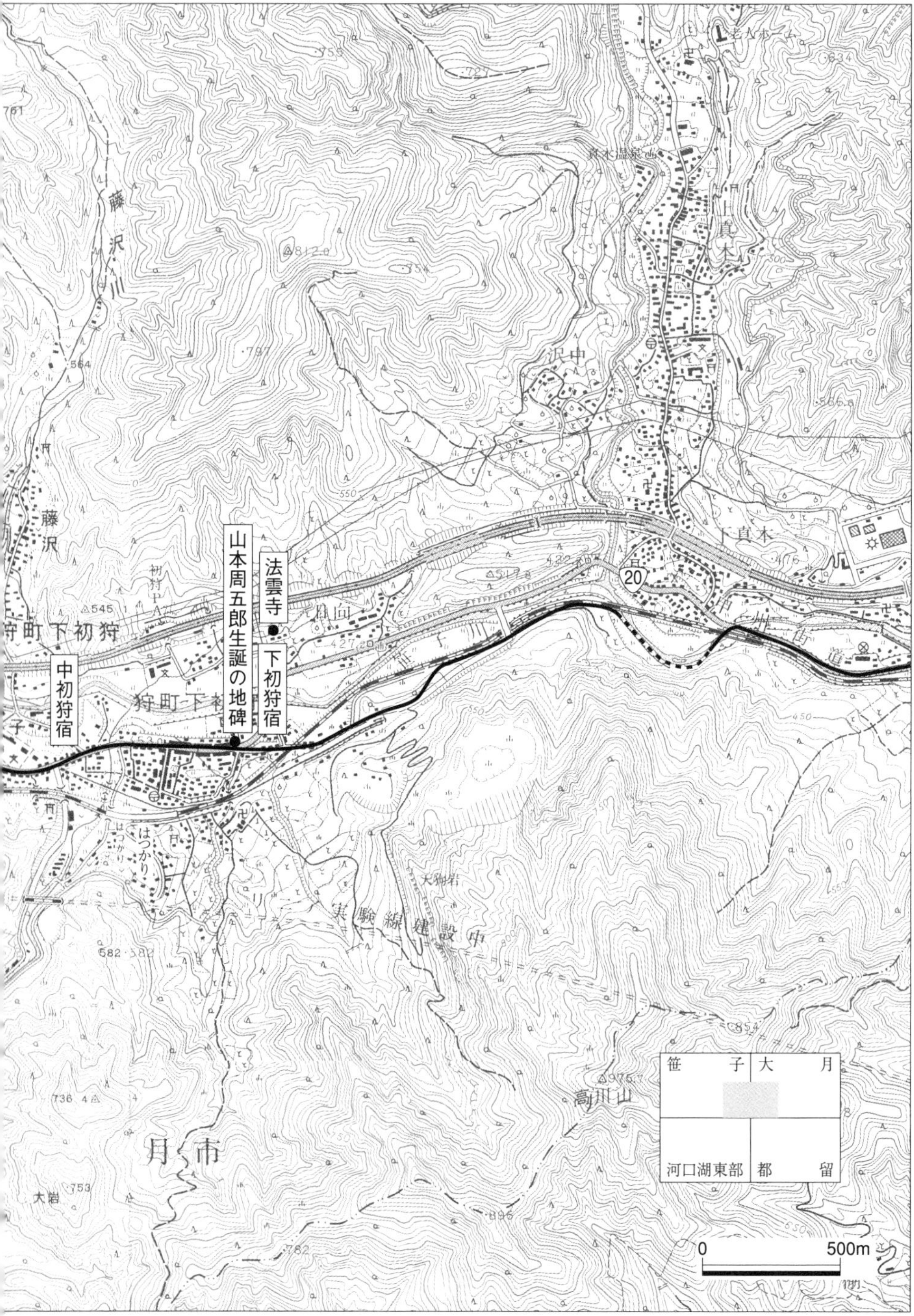
山本周五郎生誕の地碑
法雲寺
下初狩宿
中初狩宿
藤沢川
藤沢
真木温泉
上真木
下真木
沢中
日向
狩町下初狩
大狗岩
実験線建設中
高川山
月市
大岩
はつかり
笹子
大月
河口湖東部
都留
0
500m

◀（75ページより続く）

第13図　初狩宿・白野宿

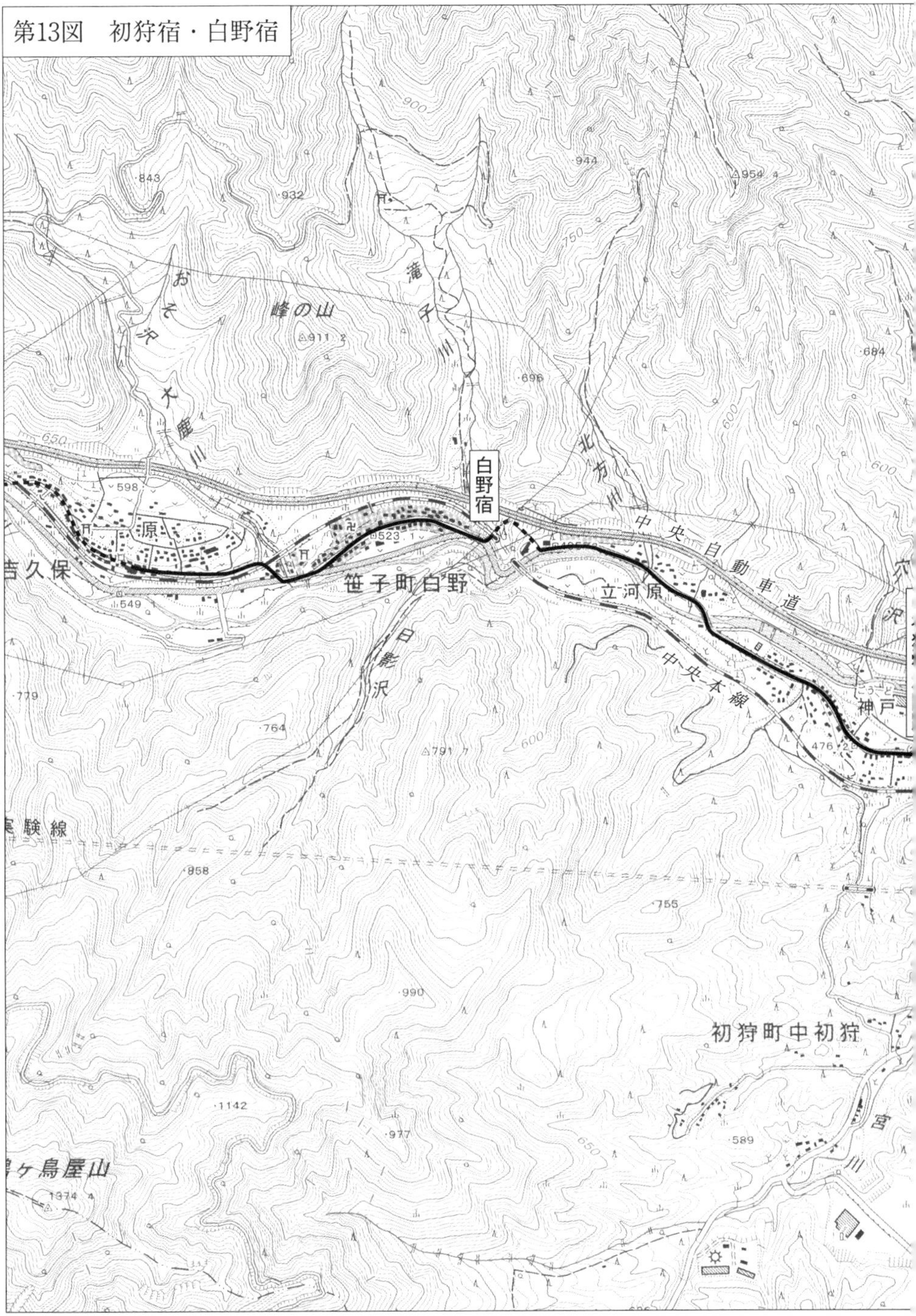

◀（88ページへ続く）

92　黒野田宿の景観

宿に結集した一揆勢の行動綱領を草したのが黒野田宿の名主で問屋の泰《たい》順《じゅん》であった。彼は眼科医で、囲碁や弓術にもすぐれ、知識人として人望があり、一揆の組織化に指導的役割を果した。

蜂起した一揆は、はじめは阿弥陀海道、黒野田の両宿で米穀の押借りをしようとしたが、しだいに笹子峠を越えると暴動化し、甲府盆地東部の米穀商や豪農を襲撃するようになった。

一揆は郡内《ぐんない》にとどまらず拡大し、南は鰍沢宿《かじかざわしゅく》、北西は信濃境にまでおよんで国中《くになか》（甲府盆地一帯、都留郡の別称郡内《ぐんない》に対していう）を席捲した。この打ちこわしは甲府の七町のほか一一一ヵ村にわたって三一九軒が打ちこわされた。

一揆は幕府の命をうけた高島藩兵の出動により鎮圧され、六三〇人が捕えられたと伝えられている。この一揆は翌年二月に大坂で起きた大塩平八郎の乱にも影響をあたえた。

四　笹子峠を越えて

93　勝沼宿付近の景観

街道きっての難所、笹子峠付近

国道二〇号線から南にそれて旧街道を登って行くと、笹子峠の登り口に**黒野田宿**の枝郷追分がある。この追分の集落に人形芝居が伝存している。江戸後期に淡路の人形遣いによって伝えられたという。現在は甲州街道がもたらした芸能として県指定文化財になっている。

追分人形の家の当主は天野晃氏である。この当主の話しによると、この人形は一三代前の天野利兵衛にはじまるという。それが細々と継承されて明治にいたったが、明治二十三年（一八九〇）十月、江戸の人形遣い西川伊三郎一座が甲府で興行した時、祖父の天野忠助がこれに入門、一同を村へ招いて三日三晩上演してから本格的なものになった。

94　黒野田宿本陣跡

笹子峠と矢立の杉

甲斐国坂東山《ばんどうやま》にある**笹子《ささご》峠《とうげ》**は標高一〇九六メートル、郡内《ぐんない》と国中《くになか》を分ける甲州街道最大の難所である。峠の手前一〇町（約一・一キロ）ほどの所に県指定天然記念物に指定された杉の古木がある。この地方は「風《ふう》林《りん》火《か》山《ざん》」のふる里で、戦に出る武士たちが行きかった古道である。出陣に出る武士たちがこの杉に矢を射立て（**矢立の杉**）山の神に手向《たむけ》としたと伝えられている。合戦に赴く武士が必勝を祈願したのであろう。

日本の歴史の中で、宗教・経済・軍事上さらに文化の交流のうえで重要な役割と意味を持っていた笹子峠も、明治三十六年（一九〇三）に国鉄中央線の笹子トンネルが完成、次いで峠下に笹子隧道《ずいどう》が設けられると峠道の通行は減少した。しかし、そのころ中央本線の笹子駅では、しばらく停車しているので笹子の餅をホームに降りて買い、食べ楽しむ余裕があった。笹子餅は江戸時代から峠を越える力餅として、峠の茶屋で売られてきたものである。昭和四十五年（一九七〇）の中央線の複線化にともなうトンネルの開通、昭和五十二年に中央自動車道笹子トンネルが完成したことで、峠道はまったくさびれ、往時の面影をとどめていない。

昭和十三年から新笹子トンネルができる昭和三十三年まで甲府方面と東京方面を結ぶ幹線としての役割を果たした**笹子隧道**は坑内に二本の柱

95 笹子付近にて

96 矢立の杉（上）
97 笹子隧道（左上）

98 大日影トンネル

大鹿峠
すみ沢
大月市
中央自動車道
笹子の上地蔵
笹子追分
黒野田口留番所跡
黒野田宿
黒野田宿本陣跡
阿弥陀海道宿
笹子
黒野田
追分
中央本線
阿弥陀海
笹子町吉
カラ沢
船橋沢
奥野沢川
ささご
◀（83ページより続く）

▲（96ページへ続く、重複箇所あり）

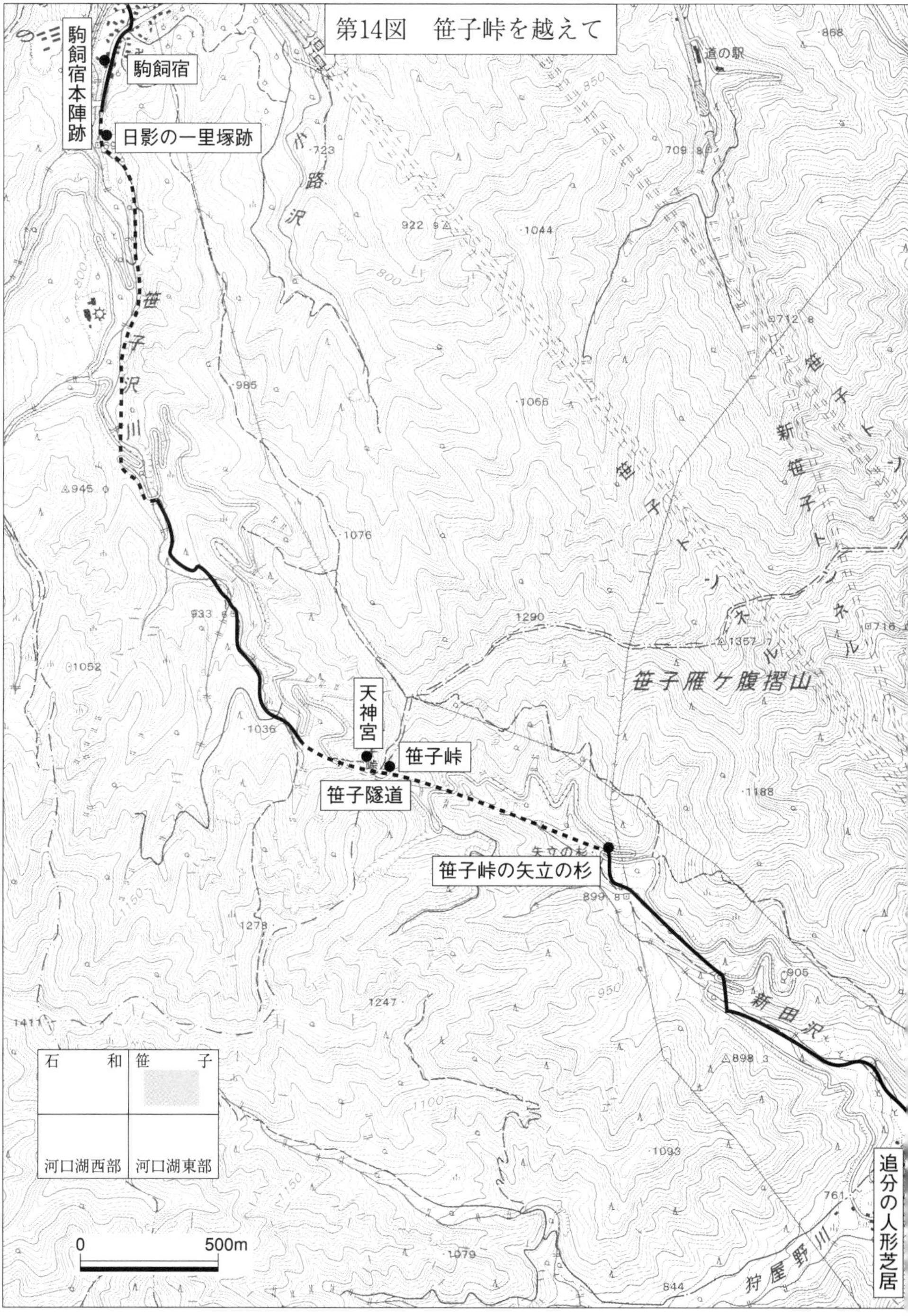

99　駒飼宿付近の景観

100　駒飼宿本陣跡

状装飾を持つ隧道として、現在国登録文化財に指定されている。

文化財として登録されてはいないが、勝沼ぶどう郷駅近くに、平成九年老朽化のため廃線となった**大日影トンネル**が、線路・鉄道標識・待避所・水路が当時のままに残されている。壁面や天井には電化以前のSLの黒く付着した排煙あとが見える。近ごろはやりの鉄道マニアも、この辺りに目を向けてみると、新しい景色が見えてくるのであろう。笹子峠の山ゆきは、崖崩れもしばしば起こっているので十分な注意が必要である。

武田氏滅亡の谷、駒飼宿

天正元年（一五七三）、武田信玄の跡を継いで武田家の当主となった勝頼は天正三年五月二十一日、三河国設楽原《したらはら》で織田・徳川連合軍と戦った。いわゆる長篠《ながしの》の戦いである。この戦いで、武田勝頼は、信玄以来の山県昌景・馬場信春・内藤昌秀・真田信綱らの多くの有力武将を失い、壊滅的な敗北を被った。

その後、失地回復に努めた勝頼は天正九年に七里岩《しちりいわ》台地（現韮崎市）上に新府《しんぷ》城《じょう》を築き入城した。ところが翌十年、木曽義昌が離反して織田信長に通じたのを契機に織田・徳川との戦いが始った。武田軍は木曽義昌攻撃のために動いたが、敗退した。

101 景徳院

天正十年二月二十三日、勝頼は織田軍を防ぐために高遠城《たかとおじょう》に入るが、敗退。同月二十五日、武田親族穴山信君（梅雪《ばいせつ》）が織田方に寝返り、それを機に、甲斐の武士たちは織田方に走った。武田勝頼と子息信勝は大月市にある岩殿城《いわどのじょう》に向った。勝頼親子が笹子峠を越し、駒飼の山中に引きこもったことを知った織田軍は一行をとり囲み、織田軍からのがれがたいことを知った勝頼主従は、天目山麓で自害し果てた。「風林火山」の旗のもとで武勇を馳せた武田家の滅亡である。

その際、天下統一を目指す織田信長は勝頼主従ばかりでなく、武田氏に好意をもち、織田に敵意を示す百姓たちまでも切り捨てたという。一方、徳川家康はもっぱら懐柔主義で戦後処理に当り、武田の残党に対しても温情をもって接し、彼らが温存している武力をしだいに手中に収めることにした。

家康は勝頼など一族の菩提《ぼだい》を弔うため、**駒飼宿**の近くに**景徳院**《けいとくいん》を建てた。そこには勝頼主従の墓とその位牌《いはい》が祀られている。武田家が滅亡したそのとき、勝頼は三七歳、子の信勝は一六歳であった。

III

信玄のふる里逍遥

102　実相寺山門

日本最古最大の「神代桜」で有名な武川村実相寺の山門．近くには天然記念物の「舞鶴松」があった万休院がある．

103 鶴瀬宿の景観

一 駒飼から甲府へ

日川と鶴瀬

笹子峠を源流とする笹子川の西岸を駒飼《こまかい》へ下っていく。やがて北方の木賊《とくさ》山《やま》から出る木賊川が名をかえた日川《ひかわ》に、笹子川が合流した先で、街道は鶴瀬橋を渡ると山梨郡の**鶴瀬宿**に出る。鶴瀬宿は駒飼宿と合宿であるが、宿の東端に口留番所があった。

この地は、織田・徳川連合軍に追われた武田勝頼親子と一族が日川の谷をかきわけ天目山に入って行ったところ。このあたりは新笹子トンネルの出現、高速道路の拡張で武田氏滅亡の悲史を伝える面影はない。『甲州道中膝栗毛』の鶴瀬宿には、この関所のかなり太い材木を使った木戸が描かれ、役所の中で、大いにかしこまっている弥次さん・喜太さんが見える。口留番所というのは各藩が領域の境界に設け、主に物資の流通を取り締ったものだが、ここでは人改めをする関所も併置されてい

104 大 善 寺

たようである。だから、この番所は別名鶴瀬の関所とも呼ばれていたのであろう。

葡萄の里、勝沼

鶴瀬宿から日川に沿い、しばらく行くと柏尾《かしお》（勝沼町勝沼）の**大善寺**《だいぜんじ》の前に出る。

大善寺は、養老二年（七一八）、奈良時代の僧、行基《ぎょうき》が甲斐国の勝沼にさしかかり日川の渓谷の大きな石の上で修行した。その修行満願の日に、右手に葡萄《ぶどう》を持った薬師如来《やくしにょらい》が夢に現れた。行基はその夢を喜び、夢の中に現れた姿と同じ薬師如来像を作り、安置したという。その寺が大善寺である。以来、行基は境内で葡萄作りをはじめ、その作り方を村人に教えたという。これが、この地方に葡萄が栽培されるきっかけであり、**甲州葡萄**の始まりとされた。

また、一説には文治二年（一一八六）上岩崎の雨宮勘解由《かげゆ》が付近の山「城の平」で山葡萄の種をみつけ、これを改良したのが甲州葡萄の元祖であるという説もある。最近の研究では、大陸から仏教とともに渡来した法薬の一種で、甲斐の勝沼付近の地質になじみ、根をおろしたという説もあるが、その真偽のほどは明らかでない。甲州葡萄は、国内唯一の在来品種といわれ、江戸時代、甲州街道を通って江戸に運ばれ将軍家に

（89ページより続く、重複箇所あり）▲

第15図　鶴瀬宿から勝沼宿へ

◀（102ページへ続く）

105　甲州葡萄の畑

も献上され、また庶民の間でも水菓子として珍重された。私も戦前、子供のころ、砂糖でくるんだ葡萄菓子を食べたことを思い出す。甲州でワイン作りが始ったのは明治に入ってからで、その技術には日本酒の醸造技術が応用されたという。

勝沼が伝える歴史の節目

勝沼は宿内の町並が東西に一二町と長く、荻生《おぎゅう》徂徠《そらい》は『峡中《きょうちゅう》紀《き》行《こう》』で、甲斐に入って道中第一の賑わいがあると述べている。江戸前期には六斎市《ろくさいいち》が開かれ、盆地東部の物資集散の中心として栄えていた。

街道の左側を西流する日川右岸の河岸段丘上に、武田氏の親族であった勝沼信友の勝沼氏館跡がある。跡を継いだ信元の代に逆心を理由に滅ぼされてのち荒廃したが、当時の館跡の特徴を示す国指定史跡として整備・保存されている。その近くには山梨**田中銀行社屋**として使われたモダンな洋風建築が国登録文化財として水曜日から日曜日（十一月〜三月は土・日曜のみ）公開されている。

ところで、大善寺の本堂＝薬師堂は国宝で、安置されている薬師三尊は重要文化財である。昭和三十七年（一九六二）、大善寺の東方一キロほどの山腹、白山平《はんさんだいら》で経塚《きょうづか》が発見され、東日本最古の康和五年（一一〇三）在銘の経筒《きょうづつ》が出土した。これは平安末期の浄土教思想の地方伝播を

106　勝沼宿本陣跡 槍掛けの松（右上）

107　旧田中銀行（左上）

108　柏尾の古戦場跡

109　万　福　寺

110　大宮五社権現

111　田安陣屋跡

知る貴重な史料である。

大善寺の付近は、慶応四年（一八六八）三月、**柏尾の戦い**とも呼ばれ、近藤勇の率いる甲陽鎮撫隊《こうようちんぶたい》と官軍とが衝突した所であった。

甲州街道、最大の難所、笹子峠をはさむ、駒飼から勝沼の界隈は戦国から近世へ、近世から近代へ、歴史が大きく変化する流れの中で、主役を勤めた武田氏、近藤勇が末路を迎える舞台となった。それぞれの悲史をたどるのも歴史の旅の一興であろう。

石和の昔と今

勝沼から石和《いさわ》に来ると、わずか二里半の間に地勢が一変する。それまで山間を縫ってきた道は、平坦でまっすぐ甲府へ向う道に変る。勝沼の隣、等々力《とどろき》には浄土真宗西本願寺派の**万福寺**を中心に村の東部に寺町を形成していた。つづく栗原宿の**大宮五社権現**《おおみやごしゃごんげん》は境内で旅役者による芝居興行が行なわれ、また村民によって村芝居も演じられたところである。その姿が、安永元年（一七七二）に奉納された絵馬に描かれている。

勝沼は片足を山につっこんだ坂の町だが、石和は摺鉢《すりばち》の底みたいな低湿の町である。甲府盆地の水脈は、ここでほとんど一本にまとまり、洪水の引き受け場所みたいなところである。この地を流れる日川と笛吹川はしばしば氾濫した。

112　石　和　川（『甲斐叢記』）

石和はかつては甲斐の中心のような地位に置かれ、平安末期には伊勢神宮外宮領《げくうりよう》として石禾御厨《いさわみくりや》が置かれていた。甲斐源氏の惣領《そうりよう》の地位を継いだ武田信昌が館（**川田館跡**）を構えて以来、武田氏累代の拠点となった。徳川幕府も天領として、直轄の代官所を置いた。石和に隣接する一町田中《いっちょうたなか》の街道の北側には田安領の陣屋（**田安陣屋跡**）が設けられ、延享三年（一七四六）には六三ヵ所、三万四一石余の田安領が設定された。

甲州街道をはじめ青梅街道・鎌倉往還などがここに集まり、甲府盆地の唯一の水のはけ口である富士川はここまで曳舟《ひきふね》を上らせた。石和と対岸の川田（甲府市川田町）には津出場《つだしば》があり、鰍沢・黒沢・青柳の富士川三河岸へ年貢米や商人荷物が近番船で運送された。一時、石和は甲斐第一の都市として、流通の中心地として栄えた。現在の甲府市に属する酒折《さかおり》には、江戸の商家に多く見られる塗り籠め土蔵造りの**石川家住宅**が残されている。

しかし、明治四十年（一九〇七）の大洪水で村の中心部が壊滅的被害をうけ、笛吹川もすっかり流域を変えると、中央線の開通と合いまって、石和は衰退の一途をたどった。

戦後、甲斐八珍果の一つにあげられる桃や葡萄などの果樹栽培で生気をとりもどしはじめた昭和三十六年（一九六一）一月、葡萄畑の中に大温泉が湧き出した。前年三十五年から私はこの地方の農村調査に入って

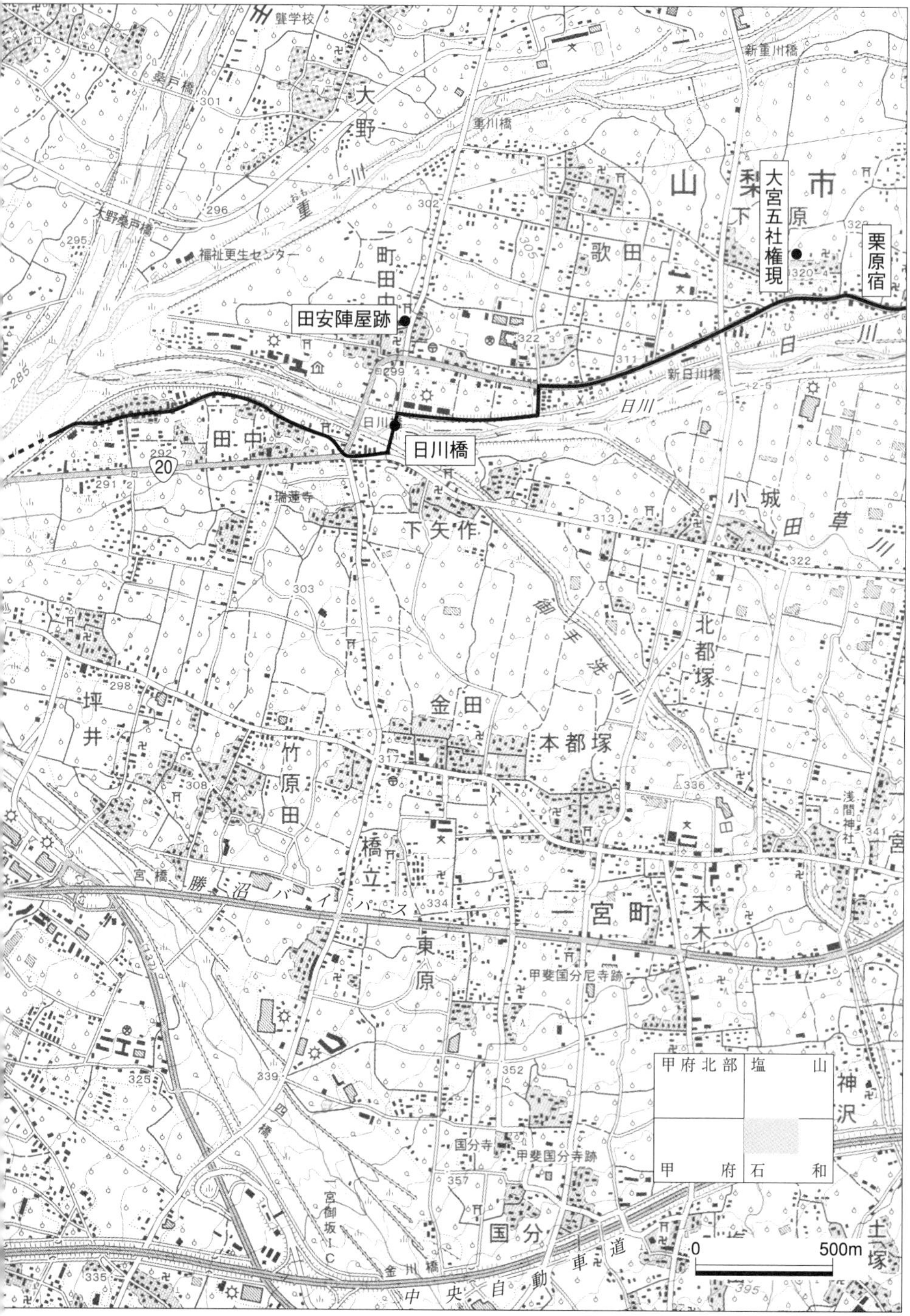
聾学校
桑戸橋
大野
重川橋
新重川橋
重川
山梨市
大宮五社権現
下原
栗原宿
大野桑戸橋
福祉更生センター
一町田中
歌田
田安陣屋跡
日川
新日川橋
日川橋
田中
瑞蓮寺
下矢作
小城
田草川
御手洗川
北都塚
坪井
金田
本都塚
竹原田
浅間神社
一宮
橋立
勝沼バイパス
一宮町
末木
東原
甲斐国分尼寺跡
神沢
国分寺
甲斐国分寺跡
一宮御坂IC
国分
金川橋
中央自動車道
土塚
甲府北部
塩山
甲府
石和
0
500m

◀（97ページより続く）

第16図　石和宿周辺図

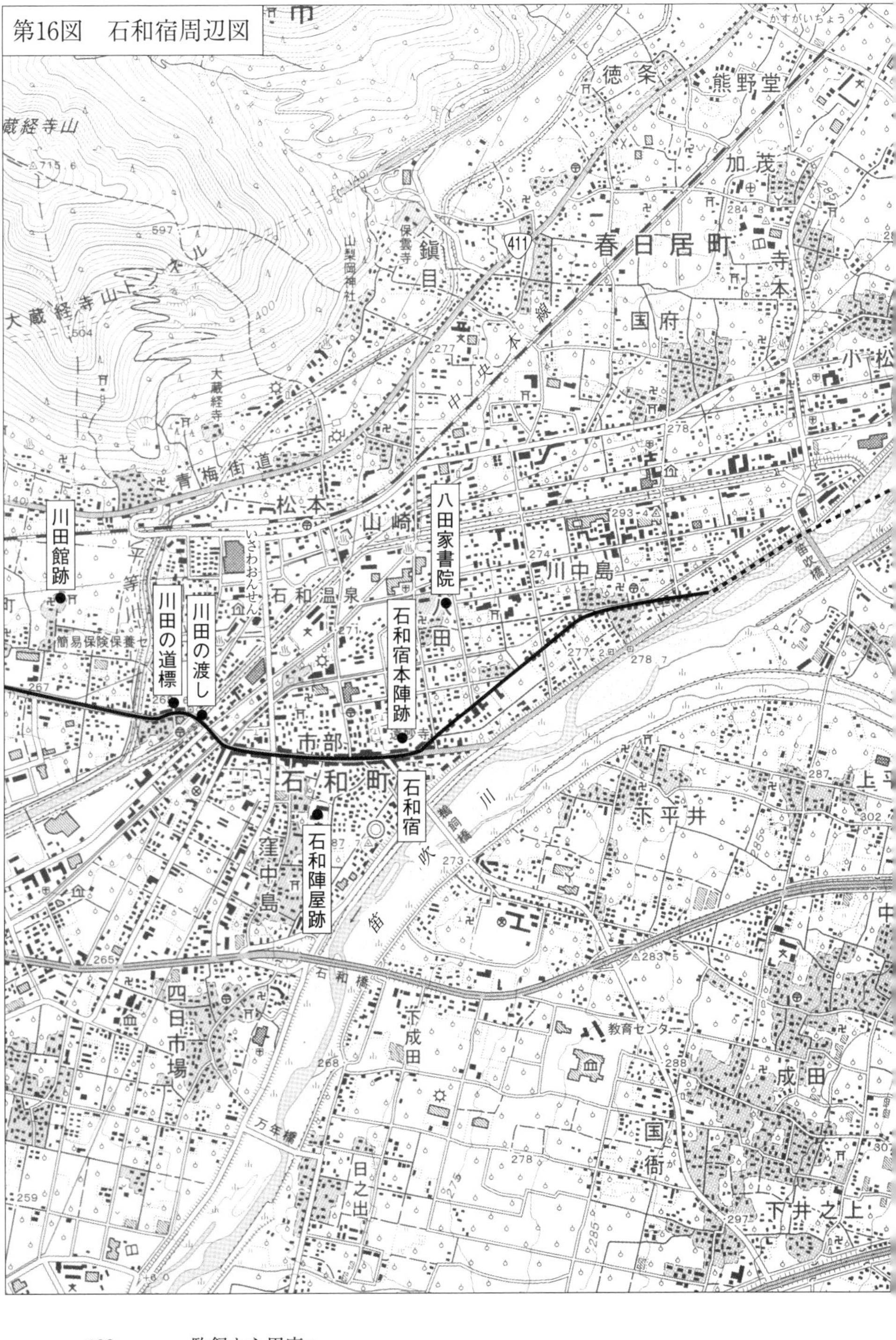

◀（110ページへ続く）

八田家は武田氏滅亡後，徳川家康に属し慶長６年に書院を構築した．桃山末期の武家書院様式を良く残しており，山梨県重要文化財に指定されている．

113　八田家書院

いたので良くおぼえている。しかし石和の町が温泉街として今日のように変貌するとはまったく思っていなかった。

横浜開港と甲州商人

安政六年（一八五九）正月、幕府はアメリカをはじめとする五ヵ国と締結した通商条約にもとづき、横浜・長崎・箱館の三港を開き貿易を始めることを一般の人びとに公布した。

横浜が開港されたのは六月二日であるが、これに先立つ五月初め、現石和町の八代郡東油川村の篠原忠右衛門は広瀬村（石和町）の川手五郎右衛門と外国奉行所に絹糸を中心とした甲州物産を貿易品とする甲州《こうしゅう》産物会所《さんぶつかいしょ》の設立許可を願い出た。会所の設立はできなかったが、二人は甲州屋の名で横浜本町二丁目に出店することになった。

忠右衛門の店舗の斜め向かいには、すでに門閥の豪商である三井八郎右衛門が幕府の内命を受けて越後屋の店舗を構えていた。

甲州屋は越後屋と異なり、県下で生産された生糸を横浜の外国商人に売り込む在村出身の冒険投機商人である。忠右衛門は、日本における生糸売込みの創始といわれ、彼に続いて甲府の商人のなかからも、緑町の藤井屋弥助や柳町の太田屋左兵衛などが生まれた。

山梨県随一の巨大地主で、初代市長を勤め、一八九〇年には貴族院議

114　川田館跡 武田氏の居館跡

員に選出され、県内の産業経済界はもとより政界でも県出身の政治家として活躍した若尾逸平《わかおいっぺい》も、横浜での生糸取引で産をなした新興商人である。若尾は慶応二年（一八六六）ごろ甲州産生糸の改良をはかって、群馬県の前橋辺りで用いられていた製糸器械に工夫を加え、甲府で多数の女工を雇い入れ、製糸マニュファクチュアを経営した。

明治の政変を示す大小切騒動

甲州には武田信玄が創設したと伝えられる大小切《だいしょうぎり》租法という独特な税法がある。この税法は年貢高の三分の二を大切と称し、籾や米で納め、残りの三分の一を小切として金納するものであった。金納部分の換算価格は実際の米価より低く決められ、農民に優利な税法であった。増税を意図する幕府は、何度かその廃止を試みたのであるが、その都度、甲州総百姓の反撃で失敗してきた。

財政基盤の強化と税制の近代化を目指したい明治政府は、旧幕時代の天領や各藩領での農民負担の軽重をならすために、まずは地租改正《ちそかいせい》に先がけて大小切租法の廃止に踏み切った。

この時、民心安定を優先する山梨県は慎重であったが、明治五年（一八七二）八月、地租改正を目前にした大蔵大輔井上馨《いのうえかおる》は、山梨県の時期尚早であるという上申を退け大小切租法の廃止を厳命した。山梨県令土

115　酒折の石川家住宅

肥実臣が、民衆の抵抗を覚悟の上で明治五年六月十九日に旧法廃止を布達した。

これを聞いた巨摩郡北山筋の農民八〇〇人余りが、八月八日に、嘆願書を県に提出し、さらに古府中の大泉寺に集まり、信玄廟所に平伏し、要求貫徹の加護を祈念した。これが大小切騒動のはじまりである。

反対運動はしだいに県全域に拡大していく。八月二十三日には山梨郡の万力《まんりき》・栗原両筋の農民六〇〇〇人余が県庁に迫った。

県当局は一時農民の要求を全面的に入れたが、信州上田分営や山県有《やまがたあり》朋《とも》陸軍大輔に要請していた軍隊が到着すると、その武力を背景に農民を弾圧し、大小切租法の廃止を申し渡した。騒動参加者への断罪は厳しく、首謀者の小沢留兵衛・島田富十郎が死刑となり、三七七二名が処罰された。

大小切騒動をおさめた明治政府は、明治六年（一八七三）には地租改正に着手した。

二　戦国から江戸の面影を求めて

116　甲府盆地から富士山を望む

信玄と甲斐善光寺

甲府市に入り、日本武尊が東征の帰途、立ち寄ったと言われている**酒折宮**のある酒折《さかおり》（坂折）から板垣へ進むと、まもなく善光寺参道と門前町が見えてくる。**甲斐善光寺**《ぜんこうじ》は、永禄元年（一五五八）に武田信玄が川中島合戦の折に信濃善光寺の焼失を恐れて、信濃善光寺の阿弥陀如来像を甲府に移して造立したもので、後に豊臣秀吉により信濃に帰座された。その後も甲斐善光寺は、歴代領主の保護を得て、江戸時代には朱印寺領三〇石を有した。

本堂や山門、木造と銅造の阿弥陀如来像・両脇侍像は国の重要文化財に指定されている。江戸時代以来多くの参詣者を招き、御開帳《ごかいちょう》のときにはにぎわった。

善光寺参道の前からは家続きで、鉤《かぎ》の手に曲がると、いよいよ甲府城

117 酒折宮

下に入る。甲府城防衛のために街道が曲尺《かねじゃく》のように曲げられたと言われている。そこには、鹿革に漆で模様を付ける甲州印伝《こうしゅういんでん》に関する博物館になっている印伝屋がある。

甲府の宿場は**柳町**にあった。当初はここが甲州街道の終駅であったが、慶長九年（一六〇四）ころには中山道の下諏訪まで延長され、完成した。

躑躅ヶ崎館と甲府

武田信虎が、石和から居館を**甲府城跡**・舞鶴城《まいづるじょう》公園の三キロほど北の**躑躅ヶ崎**《つつじがさき》の地に館を移したのは、永正十六年（一五一九）である。そこには現在**武田神社**が建てられているが、その年が甲府の開創とみられている。以来三代、勝頼が天正三年（一五七五）に新府城《しんぷじょう》を築いて廃棄するまで六三年間、ここを拠点として「風林火山」の旗をなびかせ、戦国大名武田氏が展開した。当時の甲府の街は京都にならって、東西に大道、南北に小路が走り、いま中町といわれる一帯に、将士の館、社寺、そして市街が形成された（『甲陽軍鑑《こうようぐんかん》』）。

天正十年七月、本能寺の変後、入国した徳川家康は武田の遺制を踏襲し、平岩親吉《ひらいわちかよし》を甲府城代に任命し、今日の舞鶴城公園の地である一条小山に新城の造営を開始した。この城は文禄二年（一五九三）、浅野長政・幸長父子の手により完成した。この築城とともに甲府の市街はこの地に

118　甲斐善光寺

移動した。

慶長五年（一六〇〇）に関ヶ原の合戦に勝った徳川家康は、ふたたび平岩親吉に甲府城の支配にあたらせ、国奉行に大久保長安《おおくぼながやす》を任命するなど、武田の遺臣を積極的に登用した。大久保長安は甲州街道の整備に力を尽くした。長安の墓は善光寺駅近くの**尊躰寺**《そんたいじ》にある。

慶長七年（一六〇二）五街道が決定されると、甲府は八日街が宿駅と定められ、後に柳町に移転、一町目に問屋場が設けられ、松本弥右衛門に駅務をとらせた。甲府勤番の中で、多くの業績を見せたのは柳沢吉保《やなぎさわよしやす》である。

笛吹川・釜無川・富士川

甲府盆地には、関東山地の甲武信岳から流れ出る笛吹川《ふえふきがわ》と、南アルプスの甲斐駒ヶ岳などの山岳地帯から流れ出る釜無川《かまなしがわ》が甲府をはさんで流れ、南巨摩郡の青柳・黒沢・鰍沢の三河岸で合流し、日本三大急流の一つ富士川となり、山間部を縫いながら駿河湾にそそぐ。両川とも季節によって水流の変化が激しく、しばしば洪水をもたらした。

武田信玄は二〇年という長い試練に打ち勝って、治水事業を完成した。信玄の治水法は自然力で自然力を相殺することを基本としたといわれている。水の奔流するところはあえてさからわず、その奔流を緩和するこ

甲斐善光寺
善光寺
善光寺町
酒折宮
酒折町
石川家住宅
八人山
横根町
桜井町
山梨英和大学
青梅街道
和戸町
酒折三丁目
酒折二丁目
酒折一丁目
山梨学院大学
さかおり
ぜんこうじ
善光寺二丁目
善光寺三丁目
砂田町
玉諸神社
国玉町
里吉二丁目
411

（103ページより続く）◀

第17図　甲府(柳町宿)周辺図

(114ページへ続く、省略箇所あり)◀

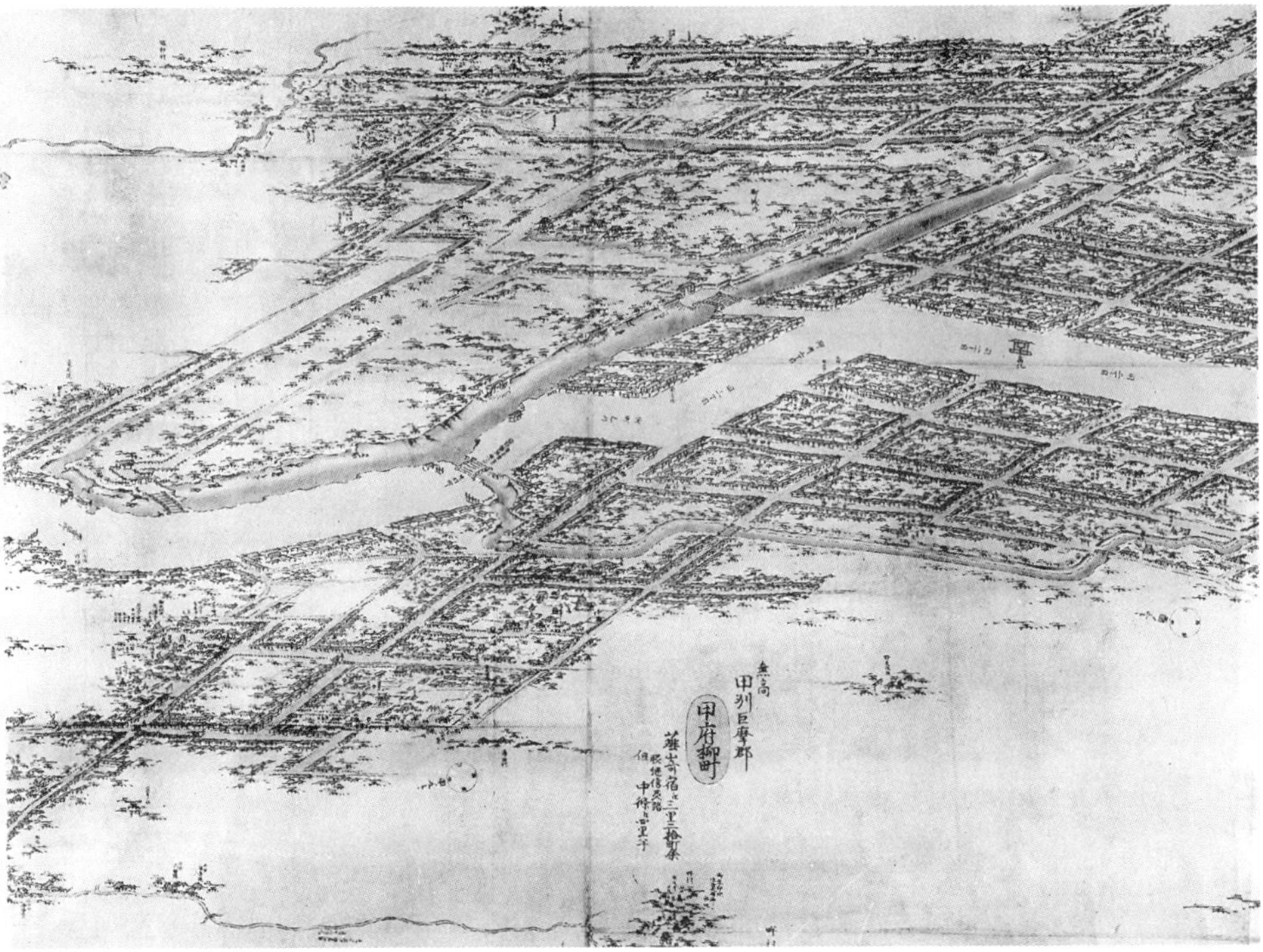

119　甲府柳町（『甲州道中分間延絵図』）

120　躑躅ヶ崎館跡

121　武田神社

とを主眼とした。そのために築いたのが**信玄堤**《しんげんづつみ》である。

その代表的な一つが、釜無川が御勅使川《みだいがわ》に合流する地点の対岸竜王《りゅうおう》町《ちょう》に作られた信玄堤である。信玄はこの堤ができるとそこに竜王河原宿を設けた。これが近世の竜王である。江戸中期以降、この地に産した煙草は竜王煙草として名高く、江戸そのほか各地で販売された。

街道は下今井にかかると軍事への配慮か、鉤手《かぎて》に屈曲する。下今井は甲州街道と静岡へ通ずる市川往還の分岐点である。長屋門やなまこ壁が特徴の民家が残っている。釜無川への合流点に近い塩川に架かる橋を渡ると韮崎《にらさき》宿《しゅく》である。

物流の拠点韮崎宿

甲府盆地の北西の隅にある**韮崎**は、河原部村に設けられた宿で、青柳で駿州往還に合流する駿信往還と信州佐久郡岩村田《いわむらた》で中山道《なかせんどう》と結ばれる佐《さ》久往還《くおうかん》に分岐している。佐久往還は戦国期には武田氏の信濃経略の重要な軍用道路であったが、江戸時代には甲斐と東信地方にとどまらず、駿州への道につながる交通の要所、物資流通の拠点であった。
韮崎が交通・運輸の拠点として発展してくると、甲斐国ばかりでなく、信濃の松本領・諏訪領の年貢米をはじめ、商人荷物まで馬の背によってここに集ってきた。塩や雑貨は富士川を遡り、鰍沢を通って韮崎の河岸

（111ページより続く、省略箇所あり）▲

▲（120ページへ続く、省略箇所あり）

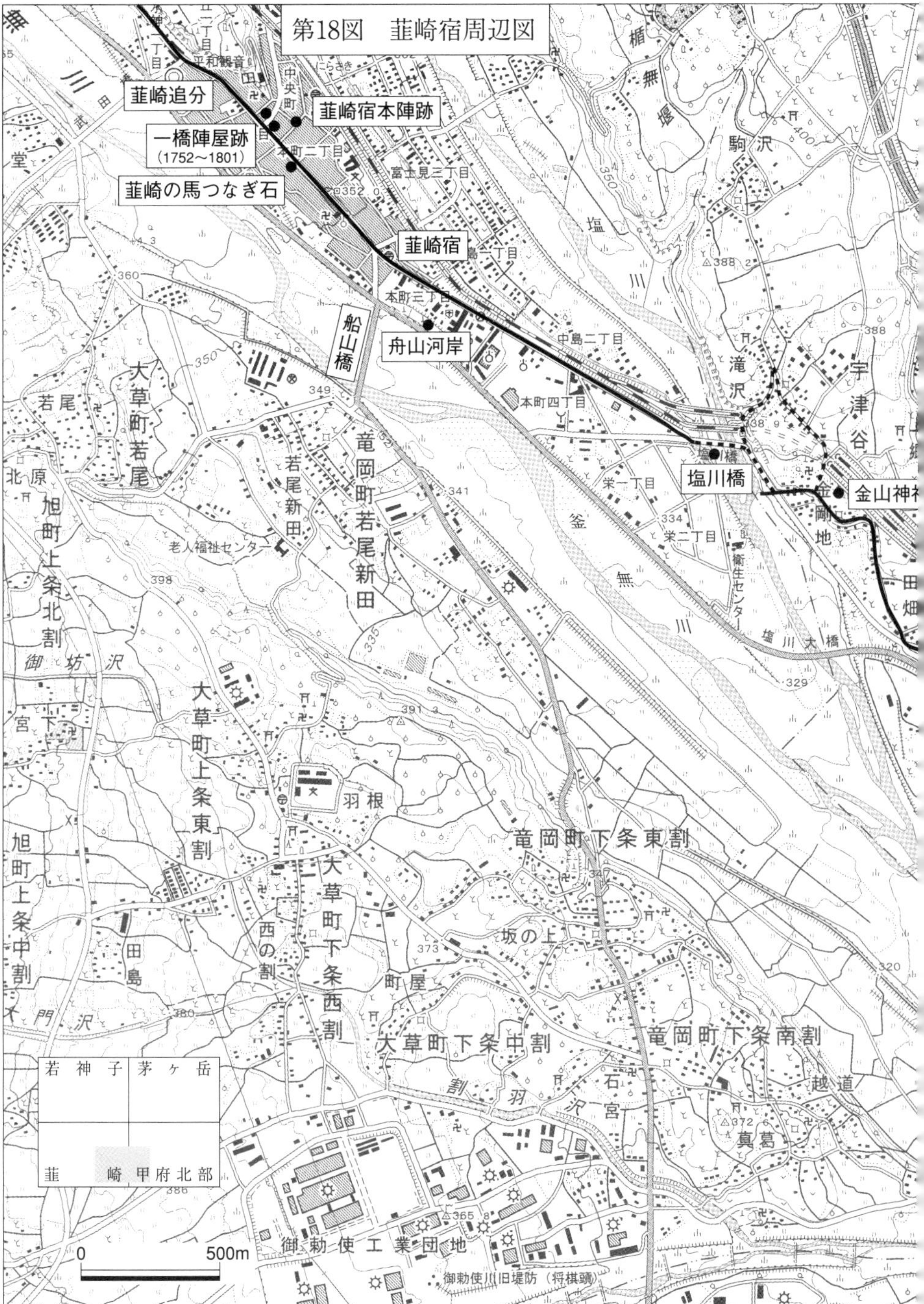

第18図　韮崎宿周辺図

122　甲府城跡

123　尊　躰　寺

124　尊躰寺にある大久保長安の墓

125 信玄堤（竜王町）

まで漕ぎ上ってきた。この積み下ろし場の船山橋あたりは、伝馬・中馬《ちゅうま》・旅人たちでにぎわった。

韮崎は釜無川と塩川の合流の地。明治四十二年（一九〇九）と昭和三十四年（一九五九）の台風による大洪水では手痛い被害を受けた。それでも、川柳材で造った江戸時代の立派な門構の宮方定秋家の母屋も残っている。宮方氏は、平安末期の甲斐源氏のころから二八代この地に続いた名家である。七里岩の下のこの一角は、釜無川の水流があたらない場所であったのであろう。

韮崎から八ヶ岳泥流が作った台地である七里岩《しちりいわ》の崖下を釜無川左岸に沿って進み、穴山橋を渡ると釜無川右岸の武川筋《むかわすじ》に入る。ここには近世甲斐における代表的な徳島堰《とくしませき》の取水口がある。この堰は寛文七年（一六六七）江戸の商人徳島兵左衛門が開削した。

武川筋の宮脇（武川村宮脇）から牧原へ進む。大武川をはさんだ対岸の実相寺の神代桜とともに有名な三吹《みぶき》の**万休院《まんきゅういん》の「舞鶴松《まいづるのまつ》」**は国指定天然記念物である。この老松は平成十九年から枯れだし、平成二十年十月に尋ねた時には引抜かれていた。武川筋に住む武田の家臣武川衆の中には、武田氏滅亡後、徳川氏の旗本になった者が多い。甲府藩主となった柳沢吉保《やなぎさわよしやす》も武川衆であった。

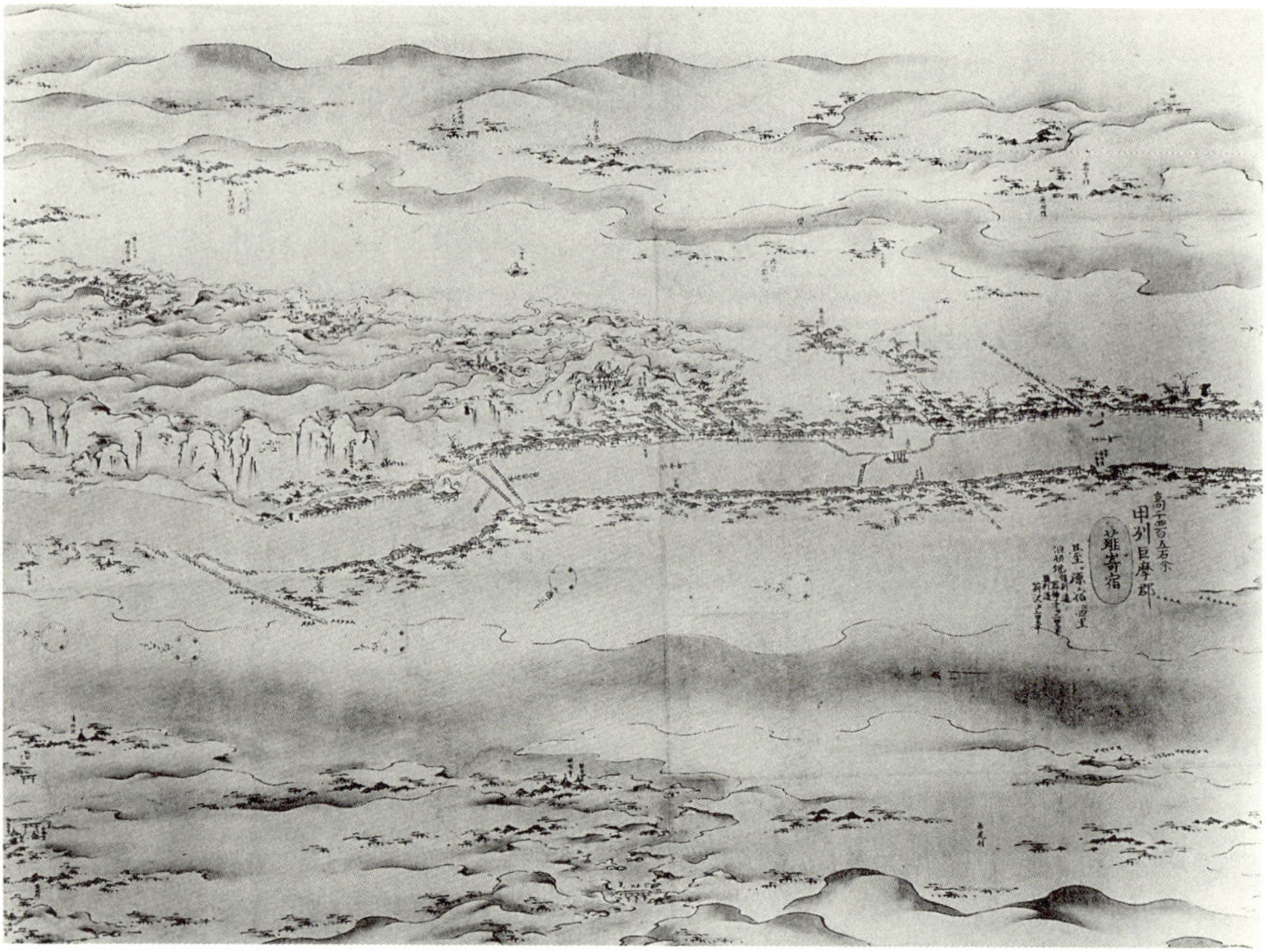

126　韮　崎　宿（『甲州道中分間延絵図』）

128　万休院の老松碑

127　韮崎の馬つなぎ石

129　台ヶ原宿の景観

台ヶ原から国境の宿、教来石宿へ

甲斐駒ヶ岳から東に流れ出る尾白川を渡ると**台ヶ原**である。尾白川《おじろがわ》は花崗岩や砂利を流出して白い河原を形成し、清流は昭和六十年（一九八五）に「日本名水百選」に指定された。

この尾白川と釜無川に挟まれた坂道の両側には白壁の古民家や造り酒屋が並び、風情がある宿場で、昭和六十一年には「日本の道百選」に選ばれている。

その家並の中に、寛延三年（一七五〇）創業という古い酒造り家、**北原家**がある。北原家は高遠から移住し、造り酒屋七賢を営み、幕末には諏訪藩の御用商人をつとめ、明治に入ると北原銀行を開業していた。母屋は緩い勾配の切妻、現在は鉄板葺であるが、以前は石置の板葺屋根であった（『山梨県の民家』）。誰でも一度は目をみはる豪壮な幕末期の大形町屋である。北原家は本陣ではなかったが江戸時代には大名の宿舎として使用されていた。明治十三年の明治天皇巡幸の際に、同家に一泊された記念碑が店の前に立っている。同家の店の軒下には一抱もある、大きな杉玉、酒林が提げてあり、七賢が名酒であることを主張している。新酒が熟れるころには、多勢の好酒家たちが、杉玉の下に集ってきたのであろう。北原家の建物は県指定の文化財で見学できる。

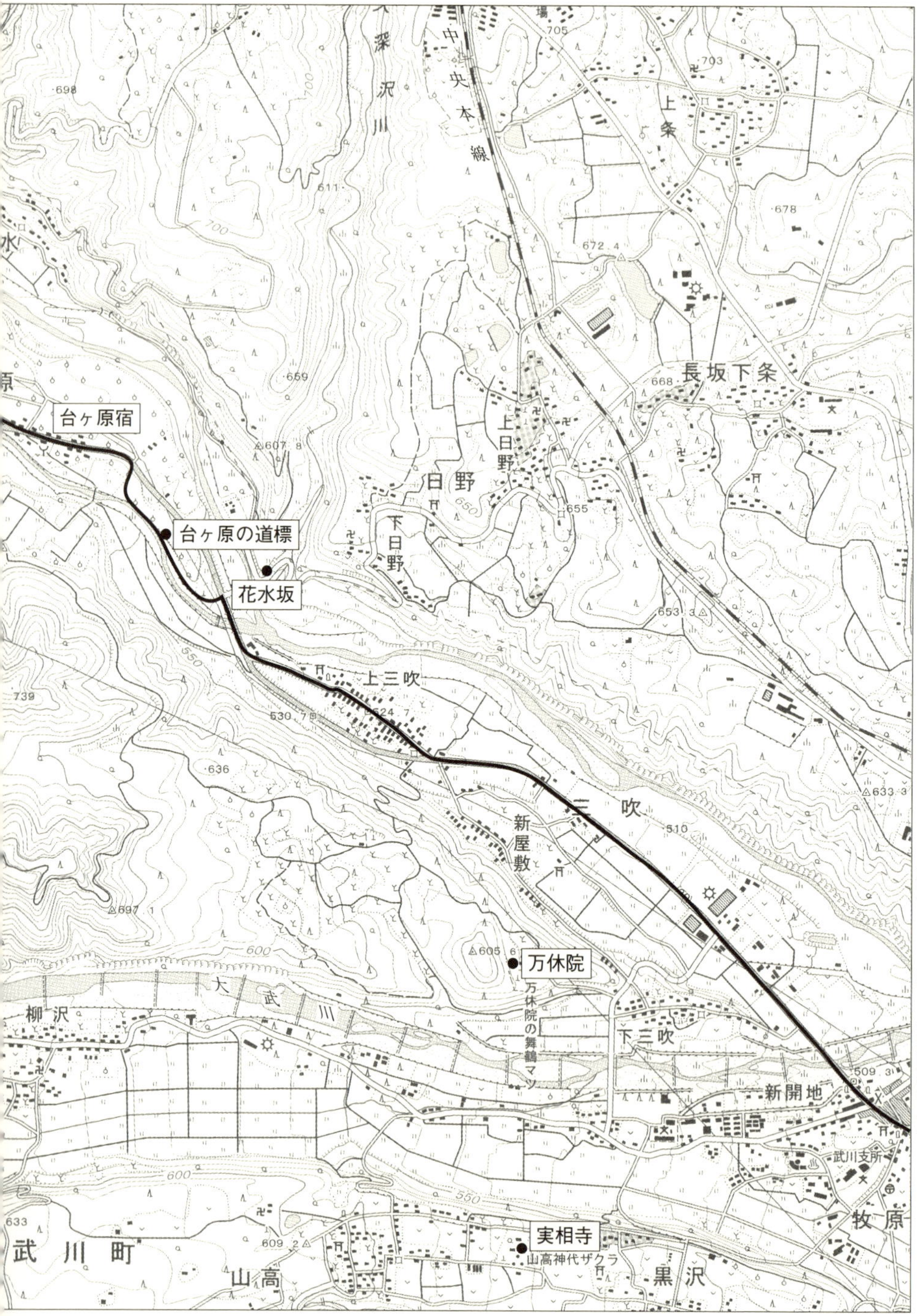

（115ページより続く、省略箇所あり）◀

▲（137ページへ続く、省略箇所あり）

第19図　台ヶ原宿周辺図

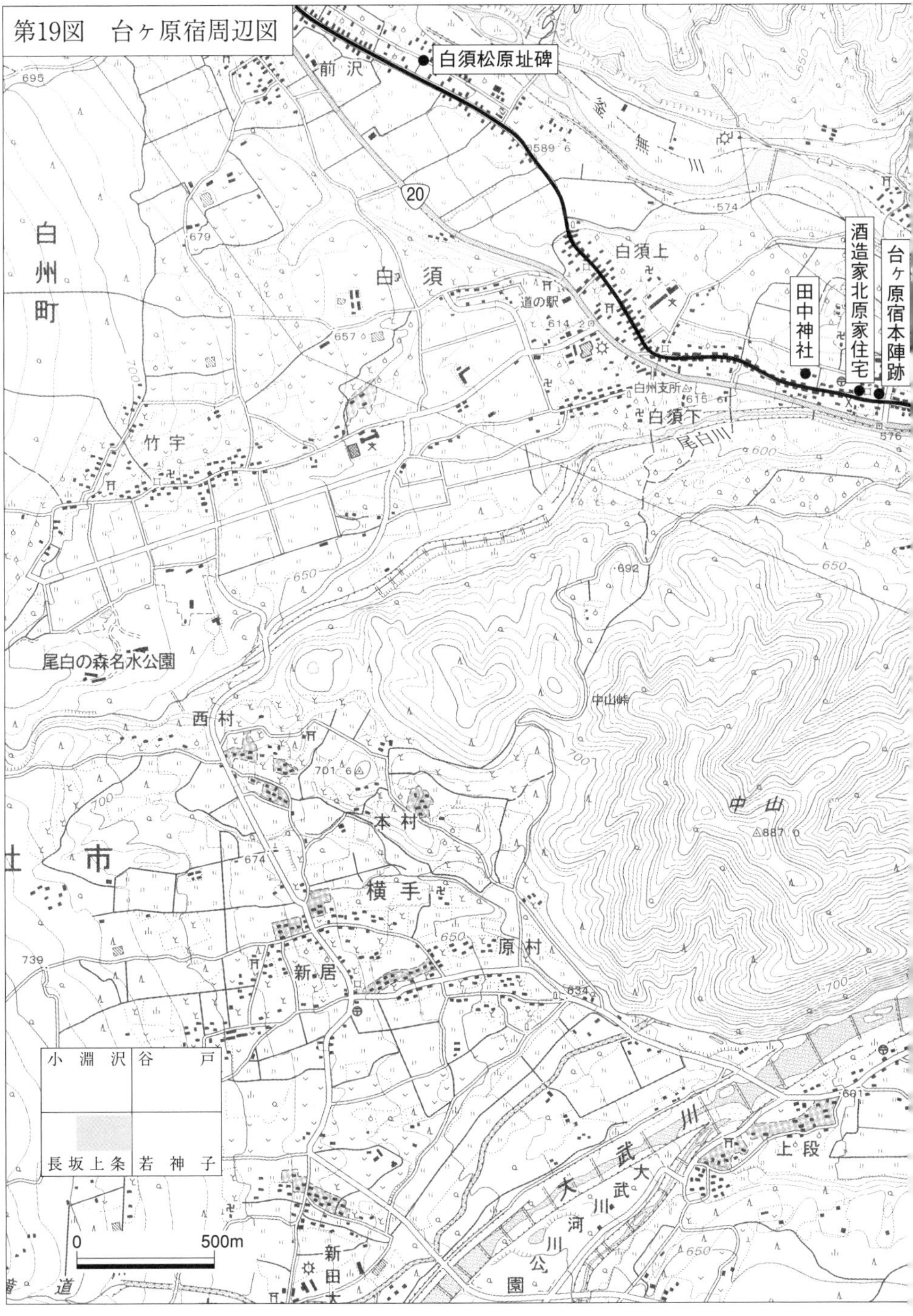

130　台ヶ原宿本陣跡

131　造り酒屋北原家

132　白須松原址碑

133 新国界橋

台ヶ原につづくのが山村には珍しく大きい白須《しらす》である。街道の左右には松並木が続き、白須の松原とよばれている。この並木は昭和十五年に伐り倒され、今は**白須松原址碑**があるだけ。

さらに、鳥原を過ぎて流川《ながれ》を渡ると、甲斐における甲州街道西端の教来石宿《きようらいいしじゆく》である。江戸日本橋を出て四四里三四町余、左右に山地がせまり、その集落の山口は山口素堂《やまぐちそどう》の生地である。

山口素堂（一六四二—一七一七）、通称官兵衛は芭蕉も一目おいた俳人であるが、すぐれた土木業者でもあった。元禄八年（一六九五）に石和の代官桜井兵衛政能に招かれて、甲斐の濁川改修工事に挺身し、川尻の住民たちを災害から救った。

山口には口留番所が置かれ、天保七年（一八三六）の郡内騒動の時には一揆勢がこの地にまでおよび、台ヶ原で三軒、白須で四軒、下教来で一軒が襲われ、諏訪藩兵が出兵し、この附近で鎮圧された。教来石宿は宿駅の役目より、国境防備が目的であったため、宿場に関所が設けられていた。この宿を出て**新国界橋**を渡ると信濃、長野県である。

三　塩山とその周辺

134 放光寺

文化財の宝庫

ここで甲州街道からはずれるが、武田氏の史跡が多い塩山周辺を散策しよう。武田氏滅亡の谷、日川と笹子川の合流する峡谷を下り、鶴瀬宿から勝沼宿に入ると、街道は甲府盆地に向かって開けてくる。

東西に長くのびる勝沼宿の右手、笛吹川と重川《おもがわ》の造る扇状地の奥にある塩の山は古くから歌枕として知られて、多くの和歌に詠われ、今日の塩山市の市名の由来ともなった。塩の山の麓には塩山温泉が湧き出て、旅人の疲れを癒してくれる。

この地域は古くは山梨郡に属し、甲斐源氏の安田義定《やすだよしさだ》は、この地を拠点として活躍し、遠江守護として鎌倉幕府で重きをなしたという。この地域には安田義定が創建した**放光寺**《ほうこうじ》や、甲斐守護武田信成が開いた臨済宗向嶽寺派《こうがくじは》の大本山**向嶽寺**など名刹が多い。八〇〇年の歴史を感じさせ

135 向嶽寺

る放光寺は、早春から晩秋にかけて、さまざまな花が咲き誇る花の寺として知られ、木像大日如来《だいにちにょらい》坐像《ざぞう》など多くの文化財を所蔵している。向嶽寺は富嶽へ向かう寺という意味を持ち、国宝「絹本著色《けんぽんちゃくしょく》達磨図《だるまず》」など多くの文化財を所蔵している。

恵林寺

塩山で見落とすことができないのは、塩山市小屋敷にある恵林寺である。

恵林寺は臨済宗妙心寺派の寺で、元徳二年（一三三〇）鎌倉幕府の要人二階堂貞藤が夢窓疎石《むそうそせき》を開山として建立した。夢窓は伊勢の人で、弘安元年（一二七八）に甲斐に移り、塩山で空阿に天台宗を学び、各地に遊学して顕密《けんみつ》両学を学んだ。その後、夢窓は禅宗に帰し、貞藤に請われ、恵林寺を開いたのである。恵林寺は鎌倉時代には、東国の夢窓派教団の道場として栄えた。

しかし、室町初期から中期にかけての寺勢は明らかではない。当寺の法灯がふたたび光をますのは武田信玄が領主となってからのことである。信玄は天下に名の響いた禅僧を招き住持させ、寺領の寄進などを行って寺運の再興を図った。元亀四年（一五七三）四月、信玄が上洛の途次、信濃駒場（現長野県阿智村）の陣中で没すると、信玄の遺言によりその死

総合公園
塩山竹森
塩山上粟生野
塩山千野
塩山下粟生野
慈雲寺
下原
塩ノ山
甲州市
塩山温泉
向嶽寺庭園
向嶽寺
産業技術短期大学校
塩山上於曽
甘草屋敷・旧高野家住宅
塩山下於曽
塩山赤尾
塩山下萩
下塩後
塩山牛
甲府北部
塩山
甲府
石和
0
500m

第20図　塩山周辺図

放光寺
恵林寺
恵林寺庭
塩山藤木
隼
塩山三日市場
西
東
紺屋
切通
西川
久保
霞森山
下市川
弟川
荒神山
岩手橋
笛吹川
石島
塩山上井尻
北
窪八幡神社
八幡橋
七日市場
下井尻
青梅街道
南
上之割
小原西
亀甲橋
小原東
八日市場
中央本線
140

136　恵　林　寺

137　武田信玄の墓所

138　恵林寺四脚門

139　恵林寺庭園

は三年間秘された。信玄の法要は長篠合戦の翌天正四年（一五七六）四月十六日に盛大に行われた。その場所が恵林寺である。信玄は七回忌の法要が営まれた後、当寺に葬られた。

恵林寺は武田氏滅亡に際し、快川紹喜《かいせんじょうき》が織田信長に敵対した者たちをかくまったため焼かれたが、天正十年（一五八二）七月二十五日に甲斐に入国した徳川家康の命により再建された。また、宝永元年（一七〇四）から甲府城主となった柳沢吉保は父祖が武田氏配下武川衆であったことから信玄廟所《しんげんびょうしょ》である恵林寺を保護した。柳沢吉保夫妻の墓は現在、**信玄の墓**とともに恵林寺の寺内に建てられている。

恵林寺は明治三十八年（一九〇五）二月の失火により主要な建造物を焼失したが、宝蔵二棟が類焼を免れ、中世から近世の歴史や文化を伝える文書や美術工芸品の多くが伝えられている。慶長十年（一六〇六）に再建された赤門と呼ばれる**四脚門**は国指定重要文化財、**夢窓築庭**は国指定名勝、宝永九年（一七〇五）柳沢吉保が奉納した武田信玄所用と伝えられる太刀、備前長船倫光銘の短刀はともに国指定重要文化財。その他多くの国・県指定の文化財が保存され、その一部は昭和四十四年（一九六九）に開館した信玄公宝物館に常設展示されている。

甲州街道からやや外れるが、勝沼宿等々力寺町から塩山市に向かうとそこには塩山温泉・笛吹川温泉などがあり、恵林寺をはじめ向嶽寺・放

140　塩山温泉街

日本に洋画を普及させた二代目五姓田芳柳（義松，1855～1915）の描いた水彩画.

141　旧高野家住宅

光寺・慈雲寺など風林火山の歴史を偲ぶことができる。また、塩山駅の北側、上於曽の地にある**旧高野家住宅**は切妻造りの甲州民家の代表的建造物として重要文化財に指定されている。この民家は、江戸時代から漢方薬の甘草《あまくさ》を栽培していたところから甘草屋敷と呼ばれてきた。この一帯は数々の史跡があり、温泉もあり、桃や葡萄の畑が開け、「フルーツ・ライン」など観光ロードも整備され、歴史の旅を楽しむことができるであろう。

Ⅳ　信濃路へ

142　下諏訪宿本陣跡

諏訪大社下社の門前にあり，島崎藤村・芥川龍之介などの文人墨客が宿泊した．甲州街道と中山道との合流点にある下諏訪宿は中山道の宿場である．

143　蔦木宿の景観

一　信濃路最初の宿

蔦木宿

甲信国境の国界橋を渡って、旧道を登って行くと下蔦木《しもつたき》。国道二〇号線は釜無川に沿って、山の裾を真っ直ぐに走っている。

蔦木宿は、国境近い宿場町として栄え、伝馬《てんま》・中馬《ちゅうま》が隊列を作って、賑やかに米・塩などを運んだという。

中馬は、百姓が城下町へ物を売りに出て小遣いを稼いだり、伊那街道や糸魚川街道で近隣の用事をして駄賃を稼いだことから始った。それがしだいに中馬と呼ばれ、幕府奉行所から公認されて民間運輸に発展していった。

甲州街道や中山道は、公用人馬の駅送りを第一にするため、商人荷物はしばしば留置された。そのため、商人たちは荷物のつけかえもなく早くて安全、しかも運賃も安い中馬を利用することになり、蔦木もこうし

144　蔦木宿本陣跡

た中馬によって栄えていたのである。明治新政になって、明治二年（一八六九）飛脚は陸運会社に改組されたが、中馬は別個に中馬会社をつくって、陸運会社との合併を拒否し、独自の道を歩んだ。しかし鉄道が開通し、日本通運のもととなる内国通運会社が設立されると、急速に衰えていった。

中馬によって栄えてきた蔦木宿は、その後は細長い通りの屋根屋根に石をのせて、ひっそりと肩を寄せ合っていたという、今はその姿すら見ることができない。

金沢宿

金沢宿は、甲州街道が甲府宿から下諏訪まで延長されたときに設けられた宿場で、慶長三年（一五九八）に度重なる宮川の氾濫と大火により、同四年に南方の丘陵地に移り、青柳村を改称して成立した。その後も明和二年（一七六五）と文政四年（一八二一）の大火で宿のほとんどが焼失した。宿には本陣のほか青柳神社と曹洞宗金鶏山泉長寺がある。西の金沢山には武田信玄が採掘した金鶏金山《きんけいきんざん》がある。

天保年間には旅籠一七軒、茶屋五軒、塩問屋などがあったとの記録が残されている。この宿場は甲州街道から金沢峠を越える伊那道の分岐点として、八ヶ岳山麓の村々への物資の集散地として栄えていた。

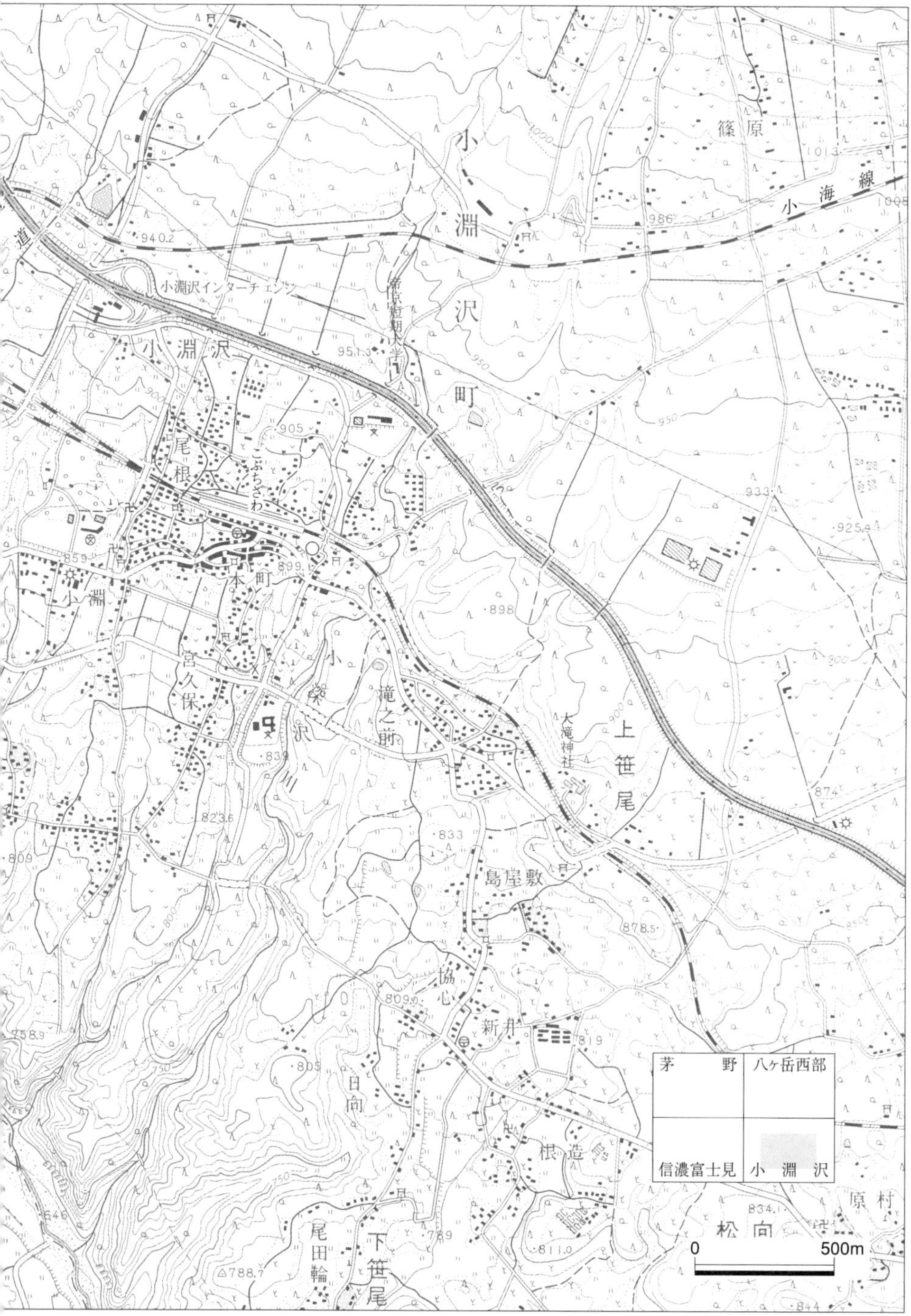
篠原
小海線
小淵沢町
小淵沢インターチェンジ
小淵沢
尾根
こぶちさわ
本町
小淵
宮久保
滝之前
大滝神社
上笹尾
島屋敷
協心
新井
日向
根造
原村
松向
尾田輪
下笹尾
茅野
八ヶ岳西部
信濃富士見
小淵沢
0
500m

第21図　教来石宿・蔦木宿周辺図

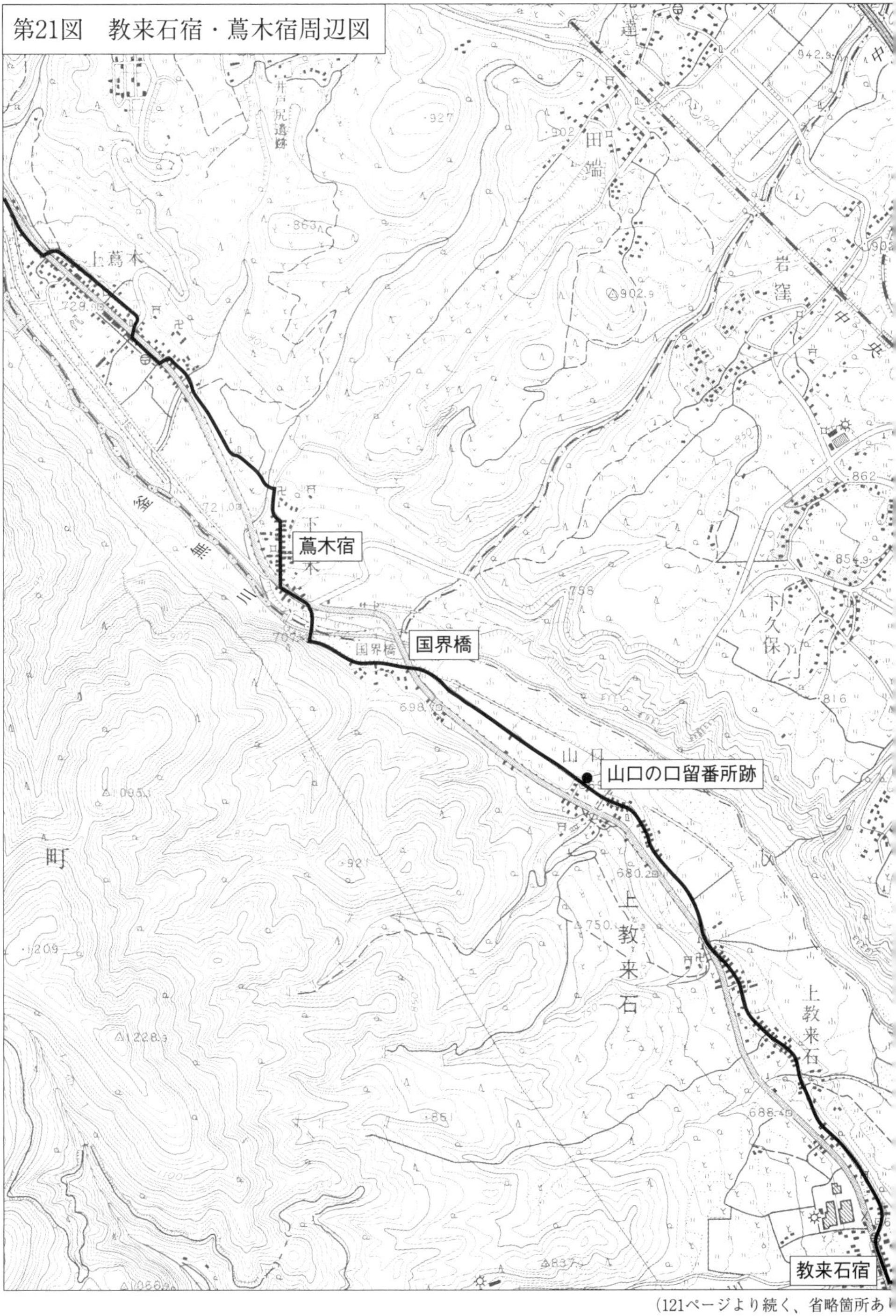

◀（142ページへ続く、省略箇所あり）

（121ページより続く、省略箇所あり

145 諏訪湖

二 終着中山道へ

街道の終宿、高島藩の城下町上諏訪宿

上諏訪《かみすわ》は高島藩諏訪氏の城下町であり、甲州街道の終宿でもあった。

諏訪宿に接する諏訪湖は、長野県のほぼ中央赤石山脈（南アルプス）の北端釜無川の源流、釜無山脈と霧ヶ峰火山の間の諏訪盆地の西北隅にある湖で、天竜川の水源である。湖岸は、出入りが少なく、上川《かみかわ》・宮川《みやがわ》・砥川《とかわ》・横河川《よっかわかわ》など多くの河川が流入し、周囲を八ヶ岳・霧ヶ峰・鉢伏《はちぶせ》山《やま》・入笠山《にゅうがさやま》などの稜線に囲まれている。諏訪湖は地溝帯《ちこうたい》にできた断層湖といわれている（『日本歴史地名大系』二〇）。

諏訪湖は周囲一七キロ余、冬季には凍結し、諏訪大社《すわたいしゃ》の上社《かみしゃ》から下社に向って大音響とともに割れて盛り上る。それを御神渡《おみわた》りと呼んでいる。この現象は年により変化がある。特に最近は地球温暖化の影響か、水質汚染のせいか、御神渡りが見られないという。

146 高 島 城 跡

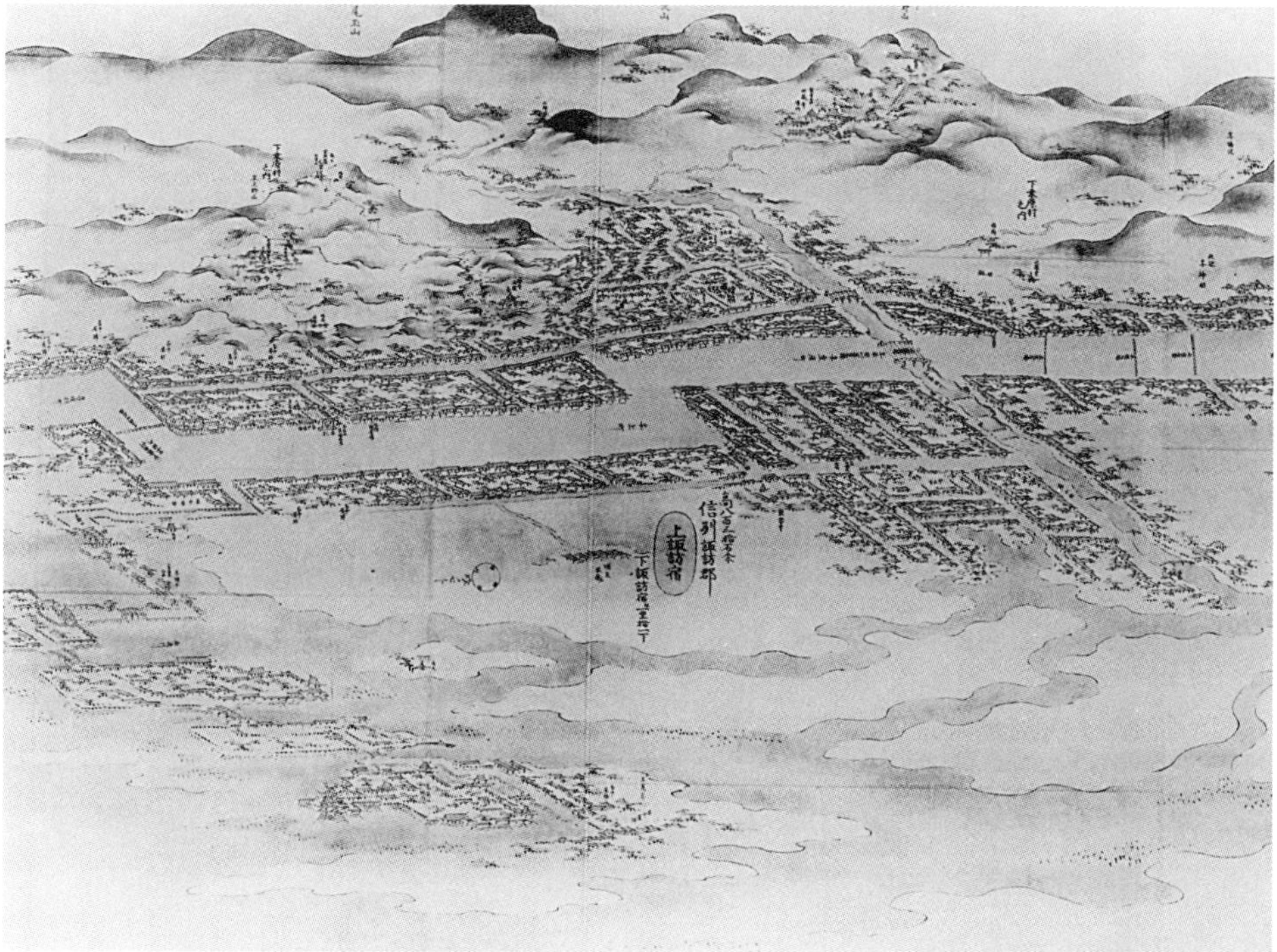

147 上 諏 訪 宿（『甲州道中分間延絵図』）

148　諏訪大社上社本宮

149　諏訪大社下社秋宮

御神渡りの状況は古くから諏訪大社大祝《おおほうり》家《け》の恒例行事として、その子細を記録し、幕府へも注進してきた。その最も古いのは応永四年（一三九七）のものである（守矢文書）。

この「御渡帳」には連年の御神渡りと毎年の豊凶が付記されており、今日の気象研究にも貴重な資料を提供している。

氷結する諏訪湖は日本のスケートの端緒を開いた。スケートが諏訪湖で爆発的に盛んになったのは明治三十九年（一九〇六）に中央本線が開通してからのことである。諏訪湖・白樺湖・霧ヶ峰とウインタースポーツのメッカとなった。市街地から湖畔にかけて湧き出る豊富な温泉は温泉旅館ばかりでなく、一般家庭・役所・学校・工場・駅などに湯を提供した。これもこの地を中心としたウインタースポーツ、レジャー地としての発展を支えたのである。

諏訪大社は信濃国の一宮《いちのみや》、諏訪湖の周辺に四ヵ所の境内地を持つ、国内で最も古い神社の一つとされている。例祭は、上社四月十五日、下社八月一日。他地方にみられぬ特殊神事が多い。例えば、上社の五月十五日の例祭のあとの御頭祭《おとうさい》では、本宮より前宮へ神輿渡御《みこしとぎょ》のあと、古くは鹿の頭七五個を供えて流鏑馬《やぶさめ》をおこなった。

諏訪大社の最大の特殊神事は寅《とら》・申《さる》の年におこなわれる、俗に御柱《おんばしら》祭と呼ばれる祭である。この祭は桓武天皇の代に始まったといわれる勇

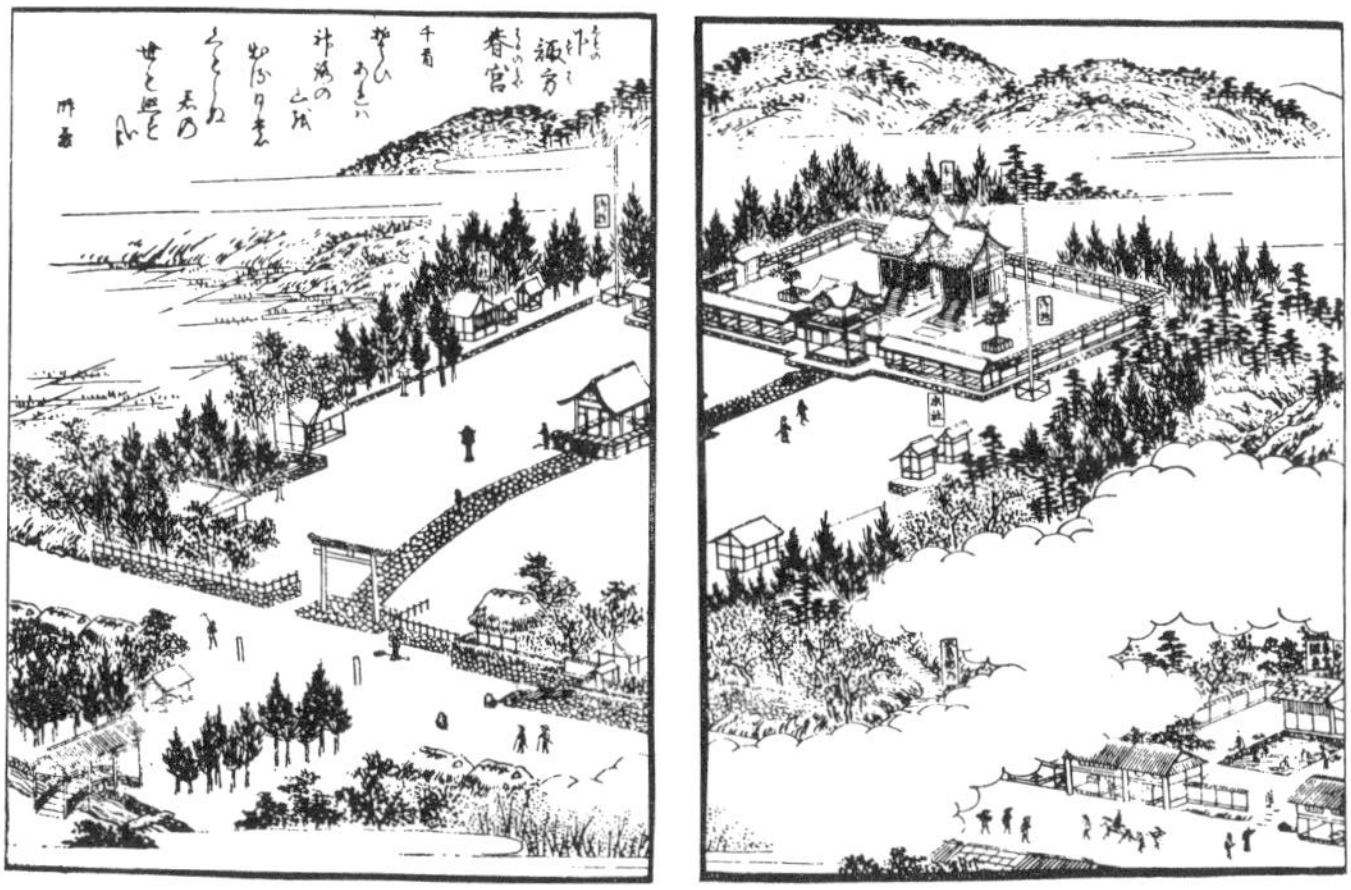

150　諏訪大社下社春宮（『木曽路名所図会』）

『木曽路名所図会』は木曽路の絵入り地誌で，編者は秋里籬島，挿絵は西村中和が描いている．

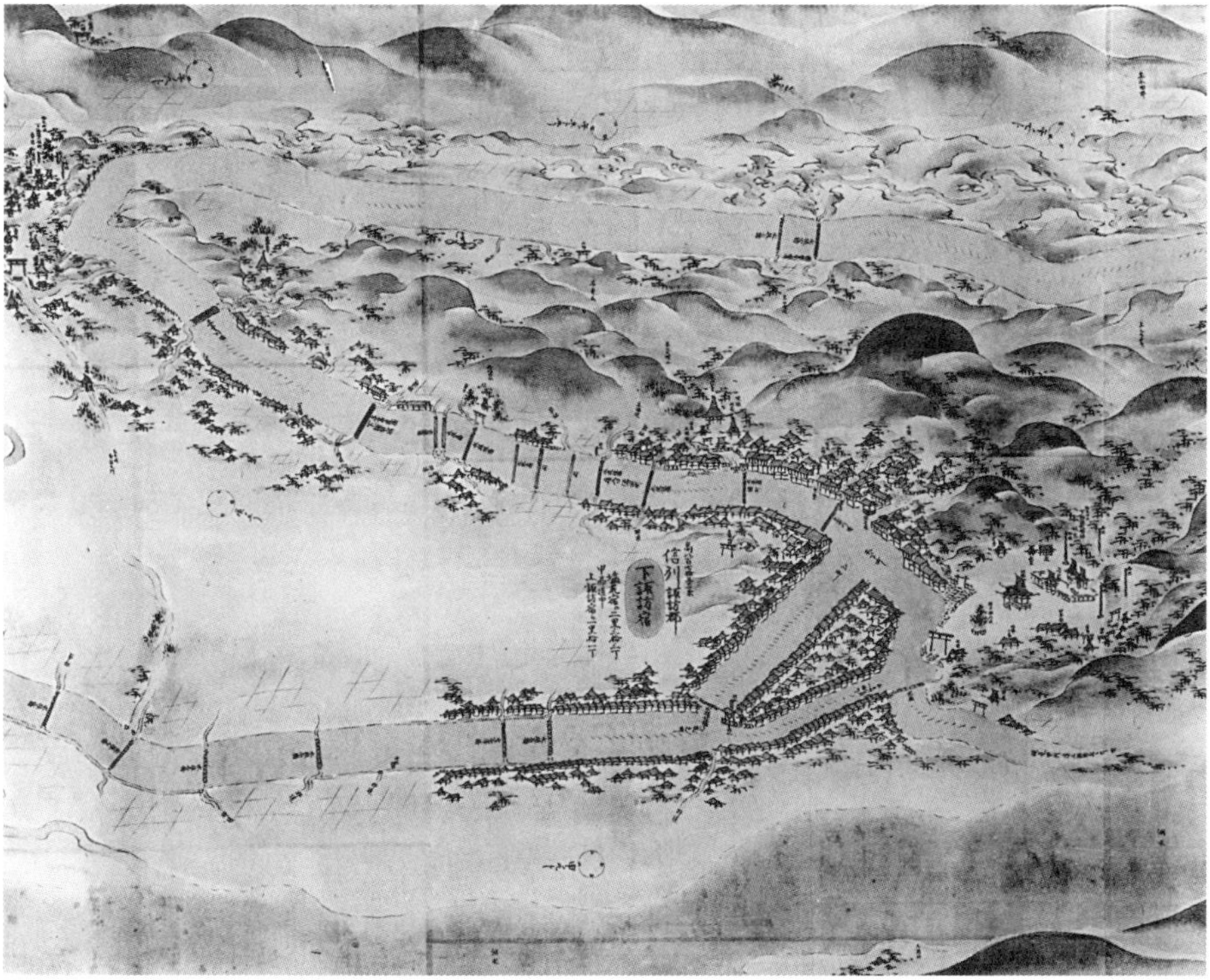

151　下 諏 訪 宿（『中山道分間延絵図』）

(137ページより続く、省略箇所あり）▲

▲（144ページへ続

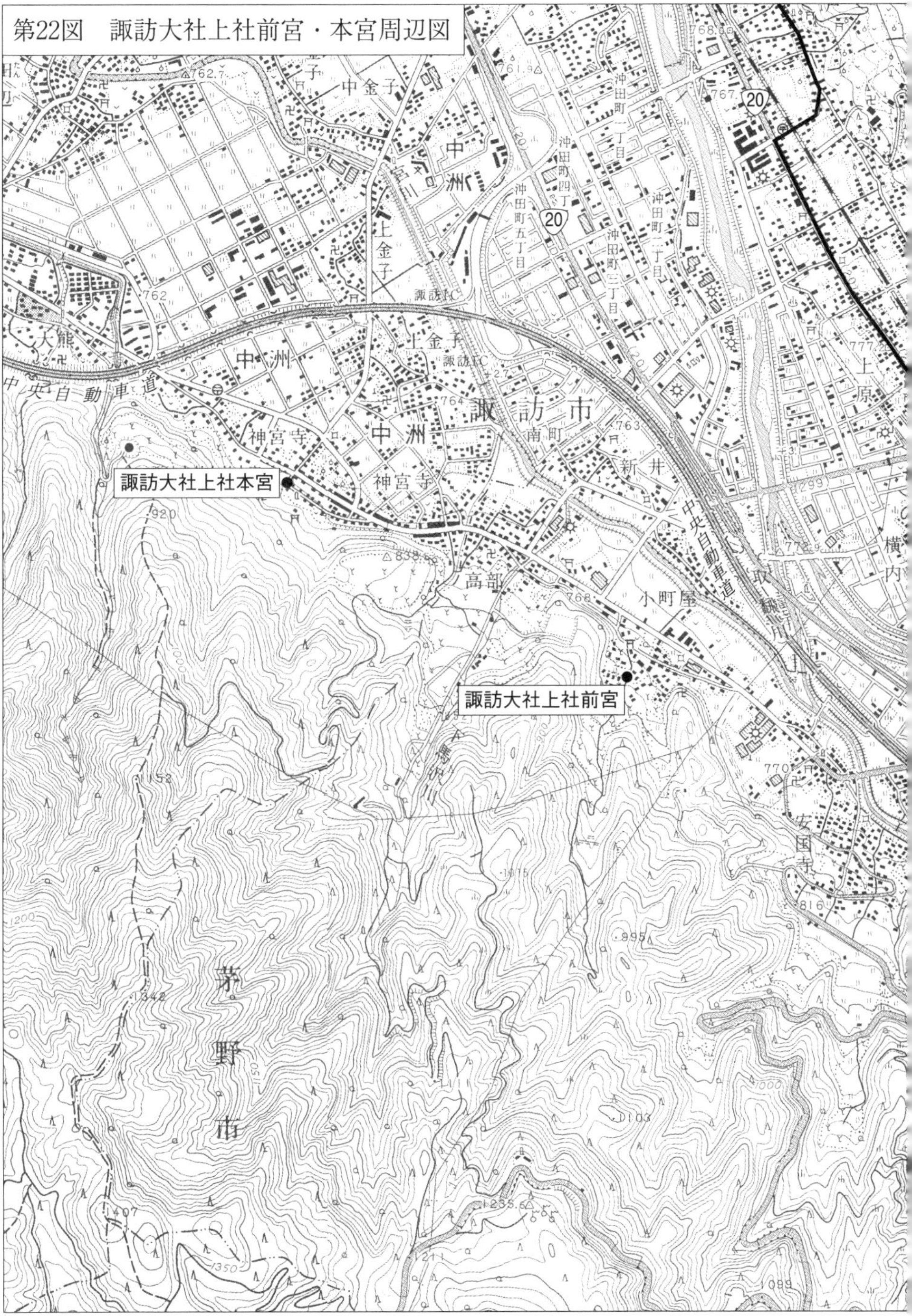

第22図　諏訪大社上社前宮・本宮周辺図

▲（146ページへ続く、省略箇所あり）

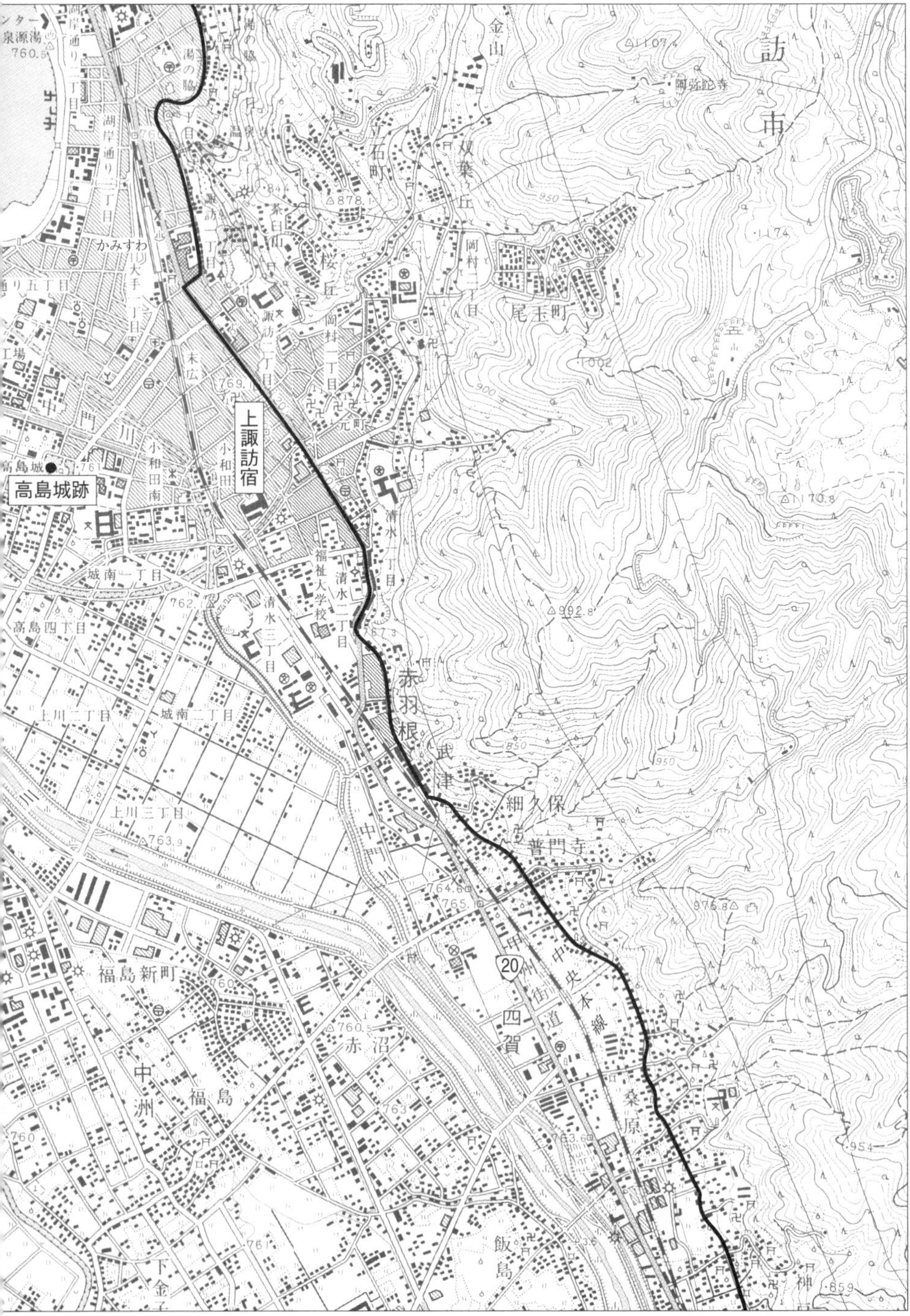

▲（143ページより続く）

第23図　上諏訪宿周辺図

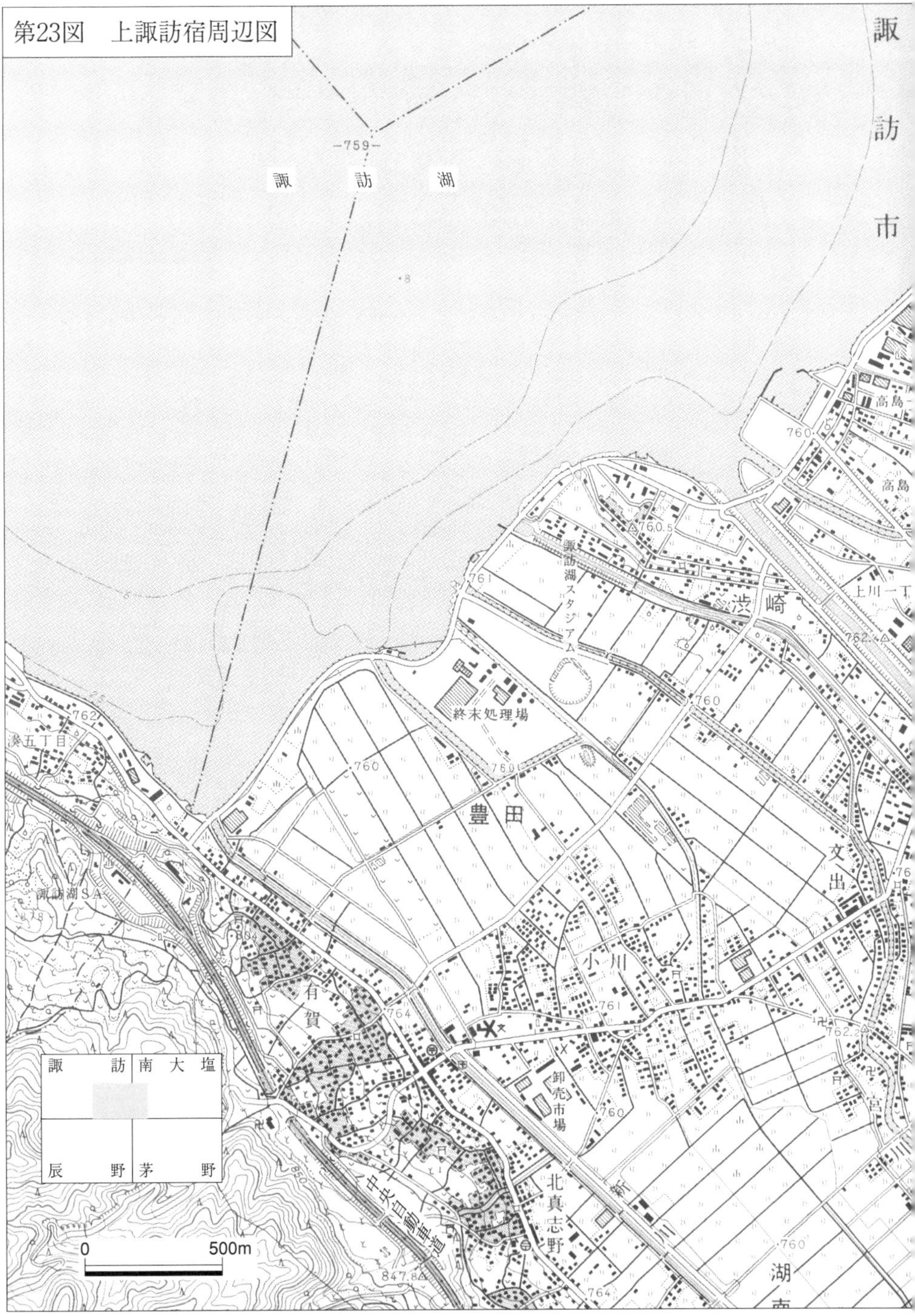

（144ページより続く、省略箇所あり）◀

第24図　下諏訪宿・岡谷周辺図

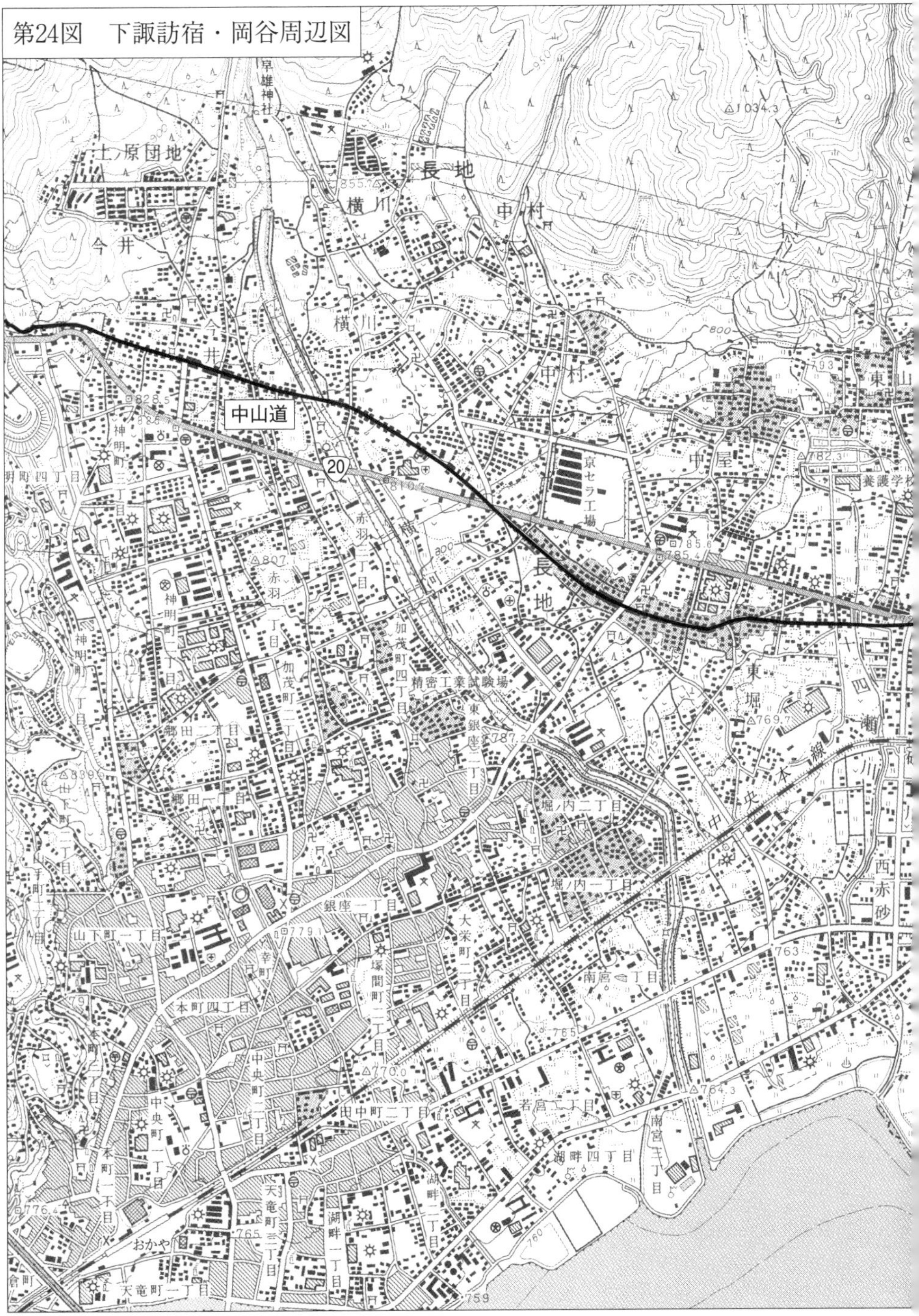

152　下諏訪宿番屋跡

壮なものである。それぞれの神殿の四隅に樅《もみ》の大木を立てるもので、上下社四社で、それぞれ四本ずつ計一六本の大木を、上社は八ヶ岳の社有御小屋林から、下社は東俣国有林から伐り出し、引き出すものである。

中山道との合流点、中山道の下諏訪宿

諏訪湖を左手に見ながら街道を進むと、右手の森の中に鎮座するのが**諏訪大社下社**。男神の上社に対し、ここは女神である。下社は古代よりこの地の信仰の中心であり、『和名抄』にみえる土武郷《とむのごう》は現岡谷市を含む諏訪湖北岸一帯をさすといわれ、古くからの農耕が盛んであった。

近世になり中山道が開通すると、湯之町は**下諏訪宿**として甲州街道との分岐点となり、交通上の要所、温泉宿場町として栄えた。下社の門前町には島崎藤村・芥川龍之介らの文人が泊まった**本陣跡**がある。温泉宿も宿場時代の面影を残し、湯量も豊富である。

この地域は隣の**岡谷**《おかや》とともに、製糸業中心の町として、日本の近代化の一翼を担ってきた。明治初年に製糸業の発展を促した器械製糸を長野県にもたらしたのは、明治五年（一八七二）八月二十三日、イタリア式器械製糸で繰糸《くりいと》をはじめた上諏訪村の深山田製糸場であった。明治八年六月ごろには平野村（岡谷市）の武居大次郎ら製糸業者九人が、百人繰り工場の中山社を設立した。これによって、良質でしかも安い生糸を大

153　下諏訪宿の温泉宿（『木曽路名所図会』）

154　下諏訪宿の景観

155　岡谷市の景観

156　中山道塩尻峠

量生産できるようになり、第二次大戦前は諏訪・岡谷地域は製糸業中心の製糸王国となり、片倉製糸や山一林組などの営業製糸家も輩出した。しかし、その歴史は必ずしも平坦なものではなかった。

日清・日露戦争を起爆剤に大器械製糸に発展してきた蚕糸業も第一次世界大戦後の戦後恐慌、特に昭和二年の金融恐慌に続く昭和恐慌により、この地方の蚕糸業は大打撃を受けることになる。さらに人絹の急速な発展が加わり、昭和恐慌は、さながら蚕糸恐慌の様相を示してくる。

昭和六年（一九三一）に勃発した満州事変にはじまる十五年戦争は蚕糸業の最大のアメリカ市場を失うことになる。さらに国家総動員法による労働力の軍事産業への転用や製糸工場の軍需転換は蚕糸業の急速な衰退をもたらした。戦後、連合軍が蚕糸業戦時統制を撤回したり、放出物資の見返りに生糸を指定したため蚕糸業はようやく復興のきざしを見せてきたが、為替レート三六〇円の決定や相次ぐ風水害、ナイロンなどの化繊の出現により、ふたたび凋落の道を走り出した。

戦後は製糸業に変わり、カメラ・オルゴール・時計・顕微鏡を主体とした精密工業が急速に発展し、日本でも数少ない内陸工業地帯に発展し、東洋のスイスと呼ばれるようになった。

甲州街道を歩き切ったら、湯量豊富な温泉に入り、香りがあり、切れがある、のど越し抜群の諏訪の地酒を呑み歩くのも一興であろう。

あとがき

四辺を海に囲まれた日本列島は、険しい山脈と海・河川によって隔てられ、各地に個性豊かな文化を生み出してきた。それぞれの地域は海・河・陸の諸道によって結ばれ、さらに中央と交わりながら、わが国の社会や国家を形づくってきたのである。

吉川弘文館では、各地の住民たちが生産と生活を基盤に、自立・自律性を蓄えてきた潜在エネルギーを探り、地縁的まとまりとしての地域個性・文化に照明を当て、それらの地域と地域が陸路・水路を通して交流し、わが国の母胎を形成してきたと捉え、新しい地域史の創造を目指し、『街道の日本史』のシリーズ名で世に問うてきた。

この試みは、たえず変化する歴史の流れのなかで、歴史を書き換えていく能力を養い、地域の文化の担い手を育てる、一種の文化運動としての役割を果たしてきた市町村史の蓄積を現時点で総括し、二十一世紀に向けての豊かな日本史像の創造を目標としたものであった。

こうした目的をもった『街道の日本史』の編集に委員の一人として参加した私は、他の委員とともに日本列島を五六の地域に分け、それぞれの地域史の研究に携わってきた人びとに、個性豊かな地域の歴史を描いていただいたのである。

平成十九年（二〇〇七）は『街道の日本史』の全五六巻が完結し、さらに私が漁村部会長を務めてきた『沼津市史』の本編の編集・執筆を終え、一息ついたときであった。この間、漁業・漁民・漁村に関する論文集や教養書を刊行し、私が研究生活に入ったときのフィールド、八王子周辺から相模にかけての畑作村落の研究を一著にまとめるなど、これまでの研究を総括してきた節目のときでもあった。

こうした時期に、吉川弘文館で『街道の日本史』をまとめた大岩由明さんから本書執筆の依頼を受けたのである。

甲州街道は、私が子供のころから青年期にかけて生活の場としてきた国立《くにたち》＝谷保《やほ》村《むら》の谷保天神の裏を通る街道で、本村と新興の国立とをわける境界線でもあり、周辺地域との関係を認識する基準線ともなっていた。私も『街道の日本史』第一八巻『多摩と甲州道中』や、第二三巻『甲斐と甲州道中』の編纂過程でいろいろと意見を述べてきたし、昭和四十一年（一九六六）から翌年にかけて、『八王子市史』を編纂したときには甲州街道や、千人同心、絹の道に関係する古文書や古記録を読み、甲州街道や八王子宿について研究してきた。また、一九六〇年代に、郡内《ぐんない》（山梨県東部の旧都留郡の通称）や甲斐の調査をおこない、八代《やつしろ》・山梨・巨摩《こま》の三郡の養蚕・製糸や、鰍沢《かじかざわ》・青柳を中心とした富士川舟運について調査研究をおこなった経験をもっているが、甲州街道自体については、道筋は勿論、街道関係の史料を殊更に調査したり、検討したことはない。それゆえ、本書を執筆する意志も能力もないと断ったのである。

しかし、再度執筆の要請を受けたので、できるかどうかはともかくとして、考えてみることにした。まずは、甲州街道の歴史を考え、歩く前提として、頭の中にある甲州街道のイメージを整理したのが、序に当たる「甲州街道を歩くまえに」である。

その上で、甲州街道の道筋を二万五〇〇〇分の一の地図上で追ってみた。すると新宿から諏訪にかけて、甲州街道、国道二〇号線、中央高速道、それにJR中央本線が絡みあいながら走っていることがわかる。その道筋は甲州街道と国道二〇号線が一部重なるところがあるものの一致しておらず、しかも明治七年（一八七四）一月に藤村紫朗《しろう》県令の発した「道路開通告示」による道路の大改修によって一変している。したがって、甲州道中と呼ばれているころの道筋をたどることは他の街道に比べて必ずしも容易なことではない。

甲州街道を歴史的・自然的条件、景観のなかでイメージ化するために、街道を歩き、あわせて沿道の自治体の教育委員会、資料館・博物館を訪ね、資・史料の収集をおこなった。

一九八〇年代ごろから都道府県の教育委員会が国庫補助を受けて、「歴史の道」を文化財として保存・整備を図る上での基礎資料を得るために歴史の道の調査をおこなっていた。甲州街道についても、東京都教育委員会が平成八年七月から九年十二月にかけて調査を実施し、その報告書が『歴史の道調査報告書第五集・甲州道中』として、平成十年三月三十一日に発行されている。また平成六年三月三十一日には山梨県教育委員会が昭和五十八年（一九八三）から翌年にかけておこなった甲州街道の調査報告書を『山梨県歴史の道調査報告書第四集・甲州街道』として刊行している。

これらの報告書および関係市町村の自治体史をもとに、江戸（東京）から甲斐・下諏訪に至る甲州街道（甲州道中）の道筋と宿場、さらには沿道の史跡・文化財の位置を地図上に落としてみた。この地図とカメラを持って街道を歩き、道筋と街道沿いに残存する文化財や遺跡が語る甲州街道の歴史をまずは素描しようとした。

実際に甲州街道を歩いてみると、街道の道筋がはっきりしないところが意外に多い。日本橋から和田倉橋に出る道筋は永代通りを直進する道筋と、途中八重洲通りへ入り東京駅を越えてまっすぐ和田倉橋にでる道筋と二説があり、はっきりしない。小仏峠越えや笹子峠越えの道筋も風水害によって、しばしば道筋を変えている。

昨年、矢立《やたて》の杉を見に行ったときも、旧道が崩れ、通行止めになっていた。この辺りには自然環境の変化に応じた幾筋かの道筋があったのであろう。

私が甲州街道を歩くに当たっては、シーズンを通してこの街道をドライブしている義弟西川義人・祥江夫妻の協力を得た。街道を歩き、時にはそれぞれの地域の教育委員会や郷土資料館・博物館を訪ね、地域に学ぶ郷土研究者の話を聞き、その人たちと対話しながら、甲州街道のイメージを造っていった。この過程は私の旅の流儀に合った楽しい時間であった。私の義弟夫妻も、私の旅の流儀を身につけたのか、街道を歩きながら私にさまざまな問題を気付かせてくれ、この仕事もすっかり軌道に乗ってきた。

ところで、甲州街道を歩いていると、ナップザックを肩にしたハイカーによく出合った。なかには一〇人、二〇人の集団の場合もある。その集団は、各地の教育委員会、時には観光協会がウオーキングコースを設定して実施したもの、観光会社が参加者を募ったもの、などまちまちである。その共通点は六〇歳の定年を迎え、健康を維持するためにウォーキングの対象を甲州街道の歴史と文化を訪ねることに求めている点であろう。

私が棲む逗子の隣町鎌倉でも、春夏秋冬、切れ目なく人びとが訪れるようになってから久しい。それでも、ここ五、六年、鎌倉に来る人びとの様子が変わった。以前とは違ってナップザックを背負い、スニーカーやキャラバンシューズで足元を装った中高年のグループが目立つようになった。こうした状況に対し、鎌倉市の教育委員会や観光協会などがさまざまなウォーキングコースを設け、いろいろなガイドパンフレットを発行している。

おそらく甲州街道でも、このころからハイカーが増えてきたのであろう。中央本線の駅には最寄りの駅を起点とした街道筋のモデルコースが設けられ、そのパンフレットが準備されているところもある。ＪＲ東日本が発行した『甲州古道ウォーキング―旧甲州街道に沿って山梨を横断する旅―』は相模湖駅から信濃境駅までの間に一〇コースを設け、それぞれのコースの所要時間・距離・名所旧跡の所在地と写真、簡単な説明が地図上に配置され、歴史や民俗を旅するガイドブックになっている。

また、NHKでも平成十九年四月二十三日から五月二十五日にかけて元スケート、ショートトラック、オリンピック日本代表の勅使川原郁恵さんを旅人にして甲州街道の踏破を「街道てくてく旅」と題して放映した。「街道てくてく旅」は平成十九年十月二十五日に中山道の踏破記録とともに講談社から発行されている。

こうした試みが歴史の旅ウォーキングを志向する中高年の意志を助長し、各地に歴史の道を歩く会や郷土研究会が広まった。

なかには総合商社を定年退職後、第二の人生として甲州街道の歴史の研究に入り、『甲州道中平成延絵図』を作成・出版した矢崎篤氏などが現れ、甲州街道の研究に寄与している。

本書を作る過程で参考にした資・史料、文献は、左記に述べた『歴史の道調査報告書第五集・甲州道中』、『山梨県歴史の道調査報告書第四集・甲州街道』の主要参考文献に記録されているので、本書では参考文献のリストは省略した。

歴史や民俗に対する関心も、旅の仕方にも、人それぞれの流儀がある。特に歴史や民俗に対する関心は、それぞれの人が背負ってきた歴史によってまちまちである。

旅の仕方にしても、旅に出る前にガイドブックなどから見るべき名所・旧跡を調べ、その上でそれらの名所・旧跡を歩く人もいれば、おおよそのコースを決め歩く人もいる。また、旧街道を正確に歩くことを街道の歴史を知ることだと考える人もいれば、街道のあちこちにある名所・旧跡や、街道沿いに残された遺物から街道を行き交う人びとの姿を思い浮かべ、それぞれの時代の歴史や街道のもつ意味や変化を考えながら歩く人もいるだろう。また、ただただ日常の生活や空間から解放され、心身をリフレッシュするために歩く人もいるであろう。

こうした、それぞれ異なった関心から、描き出される街道の歴史像もまちまちである。私が本書で描いた甲州街道像も、一つの歴史像として示したに過ぎない。それぞれの読者が、それぞれの甲州街道像を創られることを期待したい。

甲州街道を歩き終えて、気付されたことであるが、宿場の本陣や、名家の門前に三メートルを越える上質の御影石で作られた石碑が建てられていることが気になっている。その碑文は「明治天皇御休憩所跡碑」「明治天皇勝沼行在所碑」などなど。小休止をしたところか、宿泊したところか碑文を見ただけではよくわからない。ただ明治天皇一行が立ち寄ったところであることは知ることができるし、近くの老人に尋ねると宿泊所か休息場所であるところかはすぐに教えてくれる。

明治天皇は、明治十三年(一八八〇)六月十六日、東京を後に一ヵ月余りをかけて、太政大臣三条実美《さねとみ》、参議伊藤博文、同寺島宗則、同山田顕義《あきよし》、内務卿松方正義、文部卿河野敏鎌《こうのとがま》など百官有司、四〇〇人余を従えて巡幸をしたのだから、宿泊や休息をした村や村人はさぞ大変であったであろう。

この巡幸の目的は何であったのだろうか。甲斐は当時、百姓一揆・士族の反乱・自由民権運動など反政府運動が活溌にみられた土地であり、明治天皇の巡幸に接した甲斐の人びとはどのように対応したのであろうか。各地に建てられた巡幸碑はどのように建てられ、今日まで守り継がれてきたのであろうか。この巡幸中、宿泊所・休息所に当てられた豪農・豪商たちは、無上の光栄として大金を投じ、記念碑を建てたのであろうか。憲法改正が論じられ、天皇制が問題となっている今日、検討すべき残された課題であろう。

これは街道を歩く場合、テーマを限定せず、街道に残されている遺跡・遺物の語ることに、時には素直に耳を傾ける必要があることを物語っている。

短い間にカメラを片手に、時にはスケッチをしながら甲州街道を歩き、各地の教育委員会・博物館・図書館、街道沿道の人びとに協力を受けた。これらの人びとの協力なくして、本書を執筆することはできなかったであろう。これらの多くの方々に感謝し結びとしたい。

平成二十一年三月

寓居にて　相模灘を見ながら

山　口　　徹

134 放光寺 *124*
135 向嶽寺 *125*
136 恵林寺 *128*
137 武田信玄の墓所 *128*
138 恵林寺四脚門 *128*
139 恵林寺庭園 *129*
140 塩山温泉街（二代目五姓田芳柳画） *130*
141 旧高野家住宅 *130*
142 下諏訪宿本陣跡（著者スケッチ） *133*
143 蔦木宿の景観 *134*
144 蔦木宿本陣跡 *135*
145 諏訪湖 *138*
146 高島城跡（著者スケッチ） *139*
147 上諏訪宿（『甲州道中分間延絵図』） *139*
148 諏訪大社上社本宮 *140*
149 諏訪大社下社秋宮 *140*
150 諏訪大社下社春宮（『木曽路名所図会』） *141*
151 下諏訪宿（『中山道分間延絵図』） *141*
152 下諏訪宿番屋跡 *148*
153 下諏訪宿の温泉宿（『木曽路名所図会』） *149*
154 下諏訪宿の景観 *149*
155 岡谷市の景観 *149*
156 中山道塩尻峠 *150*

45　近藤道場撲雲館跡　*38*
46　土方歳三生家跡　*38*
47　八坂神社の天然理心流の奉納額　*38*
48　永泉寺本堂　*39*
49　新町竹の鼻の一里塚跡　*40*
50　八王子（横山宿）（『甲州道中分間延絵図』）　*40*
51　大久保石見守長安陣屋跡　*41*
52　八王子千人同心屋敷跡記念碑　*41*
53　八王子千人同心ゆかりの寺宗格院　*44*
54　甲州街道・陣馬街道追分　*45*
55　甲州街道・陣馬街道追分の道標　*45*
56　滝山城跡　*48*
57　八王子城跡　*48*
58　小仏関跡とその付近　*49*
59　駒木野宿跡碑　*50*
60　小原宿の景観　*51*
61　小原宿本陣跡（門と母屋）　*51*
62　相模湖　*54*
63　吉野宿本陣跡土蔵　*55*
64　下花咲宿 星野家住宅（著者スケッチ）　*57*
65　境　川　*58*
66　境川関所跡　*59*
67　諏訪神社　*59*
68　諏訪村の景観　*59*
69　上野原宿の景観　*60*
70　上野原宿本陣跡　*61*
71　鶴川への道　*64*
72　鶴川宿の景観　*65*
73　野田尻宿の景観　*65*
74　西光寺　*65*
75　犬目宿の景観　*66*
76　甲州犬目峠（葛飾北斎「富嶽三十六景」のうち）　*67*
77　犬目から望む富士山　*67*
78　犬目兵助の墓　*67*
79　犬目の集落景観　*70*
80　犬目宿・鳥沢宿間の甲州街道　*70*
81　大野貯水池　*70*
82　鳥沢宿の景観　*71*
83　「甲陽猿橋之図」歌川広重　*72*
84　猿　橋　*72*
85　岩殿山遠景　*73*
86　岩殿山・大月橋・桂川（『甲斐叢記』）　*76*
87　大月追分　*77*
88　下花咲宿本陣跡 星野家住宅　*79*
89　山本周五郎生誕の地碑　*80*
90　下初狩の二十三夜碑　*80*
91　法雲寺　*81*
92　白野宿の景観　*84*
93　黒野田宿付近の景観　*85*
94　黒野田宿本陣跡　*86*
95　笹子付近にて（著者スケッチ）　*87*
96　矢立の杉　*87*
97　笹子隧道　*87*
98　大日影トンネル　*87*
99　駒飼宿付近の景観　*90*
100　駒飼宿本陣跡　*90*
101　景徳院（著者スケッチ）　*91*
102　実相寺山門（著者スケッチ）　*93*
103　鶴瀬宿の景観　*94*
104　大善寺　*95*
105　甲州葡萄の畑　*98*
106　勝沼宿本陣跡 槍掛けの松　*99*
107　旧田中銀行　*99*
108　柏尾の古戦場跡　*99*
109　万福寺　*99*
110　大宮五社権現　*100*
111　田安陣屋跡　*100*
112　石和川（『甲斐叢記』）　*101*
113　八田家書院　*104*
114　川田館跡 武田氏の居館跡　*105*
115　酒折の石川家住宅　*106*
116　甲府盆地から富士山を望む（著者スケッチ）　*107*
117　酒折宮　*108*
118　甲斐善光寺　*109*
119　甲府柳町（『甲州道中分間延絵図』）　*112*
120　躑躅ヶ崎館跡　*112*
121　武田神社　*113*
122　甲府城跡　*116*
123　尊躰寺　*116*
124　尊躰寺にある大久保長安の墓　*116*
125　信玄堤（竜王町）　*117*
126　韮崎宿（『甲州道中分間延絵図』）　*118*
127　韮崎の馬つなぎ石　*118*
128　万休院の老松碑　*118*
129　台ヶ原宿の景観（著者スケッチ）　*119*
130　台ヶ原宿本陣跡　*122*
131　造り酒屋北原家　*122*
132　白須松原址碑　*122*
133　新国界橋　*123*

甲州街道地図一覧

第１図　甲州街道全図　*2*
第２図　日本橋から四谷・内藤新宿へ　*12*
第３図　高井戸宿周辺図　*20*
第４図　布田五宿周辺図　*26*
第５図　府中宿周辺図　*30*
第６図　日野宿周辺図　*35*
第７図　八王子宿　*42*
第８図　高尾から小仏峠へ　*46*
第９図　小原宿から関野宿へ　*52*
第10図　境川・上野原宿から野田尻宿へ　*62*
第11図　犬目宿・鳥沢宿　*68*
第12図　猿橋宿・大月宿・花咲宿　*74*
第13図　初狩宿・白野宿　*82*
第14図　笹子峠を越えて　*88*
第15図　鶴瀬宿から勝沼宿へ　*96*
第16図　石和宿周辺図　*102*
第17図　甲府（柳町宿）周辺図　*110*
第18図　韮崎宿周辺図　*114*
第19図　台ヶ原宿周辺図　*120*
第20図　塩山周辺図　*126*
第21図　教来石宿・蔦木宿周辺図　*136*
第22図　諏訪大社上社前宮・本宮周辺図　*142*
第23図　上諏訪宿周辺図　*144*
第24図　下諏訪宿・岡谷周辺図　*146*

図版一覧

1　日本橋（著者スケッチ）　*7*
2　日本国道路元標　*8*
3　現在の日本橋の景観　*9*
4　旧第一生命館　*10*
5　桜田門　*11*
6　四谷見附門跡の石垣　*11*
7　四谷大木戸碑　*11*
8　四谷大木戸（『江戸名所図会』）　*11*
9　内藤新宿（歌川広重「名所江戸百景」のうち）　*14*
10　内藤新宿（『甲州道中分間延絵図』）　*15*
11　四谷内藤新宿（『江戸名所図会』）　*15*
12　内藤新宿追分付近　*16*
13　太宗寺　*16*
14　太宗寺の地蔵尊　*17*
15　内藤家の墓　*17*
16　キリシタン灯籠　*17*
17　成覚寺　*17*
18　成覚寺の子供合埋碑　*17*
19　天龍寺の鐘　*18*
20　覚蔵寺　*18*
21　宗源寺　*19*
22　医王寺　*19*
23　長泉寺　*19*
24　熊野神社と黒松　*22*
25　樋口一葉の墓　*22*
26　高井戸宿復元鳥瞰図（『甲州道中高井戸宿』より）　*23*
27　国領神社　*24*
28　深大寺（『江戸名所図会』）　*25*
29　深大寺　*28*
30　深大寺のキリシタン灯籠　*28*
31　深大寺周辺の蕎麦処　*28*
32　武蔵国分寺（『江戸名所図会』）　*28*
33　大国魂神社　*29*
34　馬場大門の欅並木　*29*
35　府中宿高札場跡　*32*
36　谷保天満宮　*32*
37　『江戸名所図会』に描かれた谷保天満宮　*32*
38　三田氏館跡遠望　*33*
39　分倍河原（『江戸名所図会』）　*33*
40　南養寺　*34*
41　日野渡船場跡付近　*34*
42　日野宿問屋場・高札場跡　*36*
43　日野宿本陣跡（門と屋敷）　*36*
44　近藤勇生誕の地　*37*

樋口一葉の墓　20,22
彦根藩　9
土方歳三生家跡　35,37,38
一橋陣屋跡　114,115
日野絹(上州絹)　60
日野宿　37
日野宿問屋場・高札場跡　35,36
日野宿本陣跡　36
日野宿本陣跡・上佐藤家・天然理心流道場跡　35
日野宿脇本陣跡・下佐藤家　35
日野渡船場跡　34,35
日野の渡し　35
日野橋　34,35
平岩親吉　108
広島藩　9
笛吹川　100,109
富嶽三十六景甲州犬目峠　66
富士川　109
富士講　78
富士山信仰　77
藤村紫朗　55
武州一揆　39
布田五宿　24
府　中　29
府中宿　29,30
府中宿高札場跡　32
舟山河岸　115
船山橋　115
分倍河原　33
分倍河原古戦場跡　31,34
法雲寺　80～82
鳳凰山　77
放光寺　124,125,127
北条氏綱　66
北条氏照　48
星野家住宅　57,79
本郷宿　44
本　宿　44
本　陣　37
本陣跡　148

ま　行

舞鶴城公園　108
舞鶴松　117
万休院　117,120
万休院の老松碑　118
万福寺　97,99,100
三田氏館跡　31,33,34
源頼義・義家　29
身延山　77
身　禄　78
武蔵国分寺　28
武蔵国分寺跡　29
夢窓疎石　125
明治天皇小休止址碑　53,55

や　行

八木下要右衛門屋敷跡　41
八木宿　44
八坂神社　35,37
八坂神社の天然理心流の奉納額　38
安田義定　124
矢立の杉　86,87,89
柳沢吉保　109,117,129
柳沢吉保夫妻の墓　129
柳　町　108
柳町宿　111
柳町宿本陣跡　111
柳町問屋場跡　111
谷保天満宮　31～33
谷保の天神様(天満宮)　33
山口の口留番所跡　137
山本周五郎生誕の地　80
山本周五郎生誕の地碑　82
湯之町　148
八日市宿　42,44
横　町　44
横山宿　42,44
吉野宿　50,53,55
吉野宿本陣跡　53,55
与瀬宿　50,52,54
四　谷　10
四谷大木戸　10,11
四谷大木戸跡　13
四谷大木戸碑　11
四谷新宿馬の糞　16
四谷内藤新宿　15
四谷見附　9
四谷見附門跡　11
四谷見附門跡石垣　13
米沢藩　9

ら　行

竜　王　113
六斎市　61

わ　行

若尾逸平　105
和田倉橋　9

新　町　44
新町竹の鼻の一里塚跡　40,42
新府城　90
新編武蔵風土記稿　44
すもも祭　29
諏訪湖　138
諏訪神社　58,59,62
諏訪大社　138,140
諏訪大社上社本宮　140,143
諏訪大社上社前宮　143
諏訪大社下社　148
諏訪大社下社秋宮　140,146
諏訪大社下社春宮　141,146
諏訪村　58,59
製糸王国　150
石田寺　37
関野宿　50,53,55
関野宿本陣跡　53
関孫兵衛　18
仙川一里塚跡　21
千人隊事蹟碑　45
千人隊屋敷跡碑　43
千人町　43,44
千人同心(千人隊)　3
宗格院　43,44
宗源寺　19,20,22
宗源寺の羅漢槇　22
尊躰寺　109,111,116

た　行

台ヶ原　119
台ヶ原宿　119,120
台ヶ原宿本陣跡　121,122
台ヶ原の道標　120
泰　順　84
大小切租法　105
大小切騒動　106
大善寺　95,96
太宗寺　13,16
太宗寺の地蔵尊　17
大菩薩嶺　77
高井戸宿　14,22
高井戸宿復元鳥瞰図　23
高尾山　47,49
高島城跡　139,144
滝山城　48
武田勝頼　76,90,91
武田信玄　48,109,125
武田信玄の墓所　128
武田神社　108,111,113
武田信虎　108
武田信成　124
武田信昌　101
駄賃馬　4
田中銀行社屋　98
田中神社　121
田安陣屋跡　100,102
談合坂　68
談合坂サービス・エリア　64
中　馬　134
長泉寺　19,21,22
提灯祭り　29
賃伝馬　4
造り酒屋北原家　122
蔦木宿　134,137
蔦木宿本陣跡　135
躑躅ヶ崎館　108
躑躅ヶ崎館跡　111,112
鶴　川　64
鶴川宿　62,65
鶴川宿本陣跡　62
鶴川の渡し　62,64
鶴瀬宿　94,96
鶴瀬の関所　95
寺　町　44,97,100
天然理心流　37
天然理心流奉納額　35
伝馬定書　4
伝馬朱印状　4
伝馬制　4
天龍寺　18
天龍寺の鐘　18
天龍寺の時の鐘　13
天　領　3
問屋場跡　97
徳川家康　3,8,29,44,129
木賊山　94
徳島堰　117
鳥沢宿　71

な　行

内藤家の墓　17
内藤新宿　13～15
内藤新宿追分付近　16
内藤新宿の閻間(魔)さま　18
内藤若狭守　14
中山道　148
中山道塩尻峠　150
中山道分間延絵図　141
中初狩宿　82
中初狩宿本陣跡　83
南養寺　31,34
二階堂貞藤　125
新田義貞　34
日本国道路元標　8,9
日本三奇橋　73
日本橋　7～9,12
韮　崎　117
韮崎追分　115
韮崎宿　113,115,118
韮崎宿本陣跡　115
韮崎の馬つなぎ石　115,118
人形芝居　85
野田尻宿　63～65
野田尻宿本陣跡　63
登せ糸　41

は　行

萩　藩　9
長谷川角行　77
八王子(横山宿)　40
八王子一五宿　44
八王子宿　39,48
八王子城　48
八王子城跡　46
八王子千人隊　44
八王子千人同心＝千人隊　44
八王子千人同心屋敷跡記念碑
41,45
八幡宿　42,44
初　狩　80
八田家書院　103,104
花咲宿　79
馬場大門の欅並木　29,30
万金産業袋　60
半蔵門　12
日影の一里塚　96
日　川　94,100

旧高野家住宅　130,131
旧田中銀行　97,99
峡中紀行　71,98
教来石宿　123,137
キリシタン灯籠　17,18,28
金鶏金山　135
金峯山　77
口留番所　94
国定忠治　73
国　立　33
久保宿　44
熊野神社　20,22
熊野神社の黒松　22
くらやみ祭り　29
栗原宿　102
黒野田　80
黒野田口留番所跡　88
黒野田宿　85,88
黒野田宿本陣跡　86,88
郡　内　58
郡内織　58,79
郡内絹　60
郡内縞　60
郡内騒動　81,123
景徳院　91
恋　塚　69
恋塚の馬宿　69
向嶽寺　124～125
高札場跡　30
甲州犬目峠　67
甲州印伝　108
甲州裏街道　16
甲州街道　1,8,146
甲州街道・陣馬街道追分　45
甲州街道・陣馬街道追分の道標　43,45
甲州街道本宿一里塚　31
甲州道中相州四ヵ宿　49
甲州道中分間延絵図　15
甲州葡萄　95,98
甲州脇往還　16
甲府城跡　108,111,116
甲府柳町　112
甲陽猿橋之図　72
甲陽鎮撫隊　100
五街道　3
小金井街道　29
国分寺　33
国分寺街道　29
国　領　24
国領宿　26
国領神社　24,26
小島一里塚　27
五姓田芳柳　130
国界橋　137
子供合埋碑　17,18
小仏関　49
小仏関跡　46
小仏峠　47,49
駒　飼　94
駒飼宿　89,90,96
駒飼宿本陣跡　90,96
駒木野関　49
駒木野関跡　47
駒橋宿　74,76
駒橋発電所　74,76
子安宿　44
近藤勇　37,73,100
近藤勇生家　27
近藤勇生誕の地　37
近藤周助　37
近藤道場撲雲館跡　38

さ　行

西光寺　64,65,68
西方寺　75
境　川　58
境川関所跡　58,59,62
境川橋　62
酒　折　101
酒折宮　107,108,110
相模川　50,55
相模湖　50,54
相模ダム　52
桜田門　9,11,12
笹子追分　88
笹子隧道　86,87,89
笹子峠　86,89
猿　橋　72～74
猿橋宿　61,73,74
山岳信仰　77
慈雲寺　126,131
塩川橋　115
塩の山　124
地蔵坊正元　16
七里岩　117
実相寺　93,117,120
島之坊宿　44
清水家　50
下石原　24
下石原宿　27
下諏訪宿　141,146,148,149
下諏訪宿番屋跡　146,148
下諏訪宿本陣跡　133,146
下高井戸　22
下高井戸宿　20
下蔦木　134
下鳥沢　71
下鳥沢宿　69
下初狩宿　80,82
下花咲　57
下花咲宿　75,79
下花咲宿本陣跡 星野家住宅　75,79
下布田　24
下布田宿　26
下吉田村　61
酒造家北原家住宅　121
成覚寺　17,18
成覚寺の子供合埋碑　13
白　須　123
白須松原址碑　121～123
白　野　80
白野宿　81,83,84
信玄堤　113,117
信玄の墓　129
新国界橋　123
信州中馬　6
新　宿　14
新宿追分　13
新撰組　37
新撰組のふるさと　37
神代桜　93,117
深大寺　18,25,26,28
深大寺周辺の蕎麦処　28
深大寺城跡　25
深大寺そば　25
深大寺のキリシタン灯籠　28

索　引

あ　行

合　宿　*5,22*
相対賃銭　*4*
秋元泰朝　*60*
浅野長政・幸長　*108*
足利成氏　*34*
穴山信君(梅雪)　*91*
甘草屋敷　*131*
甘草屋敷・旧高野家住宅　*126*
天野利兵衛　*85*
阿弥陀海道　*80*
阿弥陀海道宿　*88*
医王寺　*19,21,22*
石　和　*100*
石和川　*101*
石和宿　*103*
石和宿本陣跡　*103*
石和陣屋跡　*103*
石禾御厨　*101*
石川家住宅　*101,106,110*
伊勢参り　*77*
一里塚　*3*
犬　目　*70*
犬目宿　*66,68*
犬目宿・鳥沢宿間の甲州街道　*70*
犬目宿本陣跡　*68*
犬目峠　*66*
犬目兵助　*81*
犬目兵助の墓　*66～68*
岩殿山　*73,75,76*
岩殿城　*76,91*
印伝博物館　*111*
上野原宿　*44,60～62*
上野原宿本陣跡　*61,62*
内城館跡　*61,62*
馬改番所　*10*
馬つなぎ石　*62,118*
馬乗宿　*44*
馬　宿　*71*
永泉寺本堂　*39,41*
江戸城跡　*12*
江戸名所図会　*11,33*
江戸六地蔵　*16*
恵林寺　*125,127,128*
恵林寺四脚門　*128*
恵林寺庭園　*129*
塩　山　*124*
塩山温泉街　*130*
追い出しの鐘　*18*
追　分　*16*
追分町　*43*
追分人形　*85*
追分の人形芝居　*89*
青梅街道　*16*
大木戸水番所　*10*
大国魂神社　*29,30*
大久保石見守長安陣屋跡　*41,42*
大久保長安　*45,109*
大久保長安の墓　*116*
大垂水峠　*47*
大月追分　*75,77*
大月宿　*75,76,78*
大月宿の一里塚跡　*75*
大月橋　*75～77*
大野貯水池　*66,68,70*
大日影トンネル　*87,90*
大日影トンネル遊歩道　*96*
大宮五社権現　*100,102*
小門宿　*44*
岡　谷　*148,149*
荻生徂徠　*71,98*
長田作左衛門　*48*
長田作左衛門邸跡　*42*
御定賃銭　*4*
小原宿　*50～52*
小原宿本陣跡　*51,52*
御神渡り　*138*
小山田信有　*66*
御柱祭　*140*

か　行

甲斐善光寺　*107,109,110*
快川紹喜　*129*
甲斐叢記　*76*
覚蔵寺　*18,20,22*
柏　尾　*95*
柏尾の古戦場跡　*96,99*
柏尾の戦い　*100*
勝沼氏館跡　*97,98*
勝沼宿　*97*
勝沼宿本陣跡　*97,99*
勝沼信友　*98*
桂　川　*50,55*
金沢宿　*135*
金山神社　*115*
鎌倉街道　*29*
釜無川　*109*
上石原　*24*
上石原宿　*27*
上諏訪　*138*
上諏訪宿　*139*
上高井戸　*22*
上高井戸宿　*21*
上鳥沢宿　*69*
上鳥沢宿の一里塚跡　*69*
上鳥沢宿本陣跡　*69*
上花咲宿　*75,79*
上花咲宿本陣跡　*75*
上布田　*24*
上布田宿　*27*
からす団扇　*29*
川越街道　*29*
川　田　*101*
川田の道標　*103*
川田の渡し　*103*
川田館跡　*103,105*
木曽路名所図会　*141*
北原家　*119*
絹の道　*41*
旧第一生命館　*9,10*

著者略歴
一九三一年　東京都に生まれる
一九五七年　成蹊大学政経学部卒業
現　在　神奈川大学名誉教授

〔主要著書〕
『日本近世商業史の研究』（東京大学出版会、一九九一年）
『近世海村の構造』（吉川弘文館、一九九八年）
『近世漁民の生業と生活』（吉川弘文館、一九九九年）
『近世畑作村落の研究』（白桃書房、二〇〇〇年）
『街道の日本史42　瀬戸内諸島と海の道』（共著、吉川弘文館、二〇〇一年）
『海の生活誌―半島と島の暮らし―』（吉川弘文館、二〇〇三年）

歴史の旅　甲州街道を歩く
二〇〇九年（平成二十一）六月一日　第一刷発行
二〇一九年（平成三十一）四月一日　第三刷発行
著　者　山《やま》口《ぐち》徹《てつ》
発行者　吉川道郎
発行所　株式会社　吉川弘文館
郵便番号一一三―〇〇三三
東京都文京区本郷七丁目二番八号
電話〇三―三八一三―九一五一〈代〉
振替口座〇〇一〇〇―五―二四四番
http://www.yoshikawa-k.co.jp/
印刷＝株式会社 平文社
製本＝ナショナル製本協同組合
装幀＝下川雅敏

ISBN978-4-642-08022-4

〈歴史の旅〉シリーズ

古代大和を歩く

和田 萃著

古代より歌に詠まれてきた〝国のまほろば〟大和の魅力を紹介。豊富な写真と味わい深い文章で、ヤマトタケル、三輪山の神など、記・紀の伝承や土地の歴史を描き出す。美しい景色への愛着が注がれた、奈良の歩き方ガイド。

Ａ５判・二四八頁・原色口絵四頁／二八〇〇円

中世の高野山を歩く

山陰加春夫著

真言密教の道場、入定信仰の霊場として、約一二〇〇年に及ぶ崇敬を集める世界遺産・高野山。空海開創以来の信仰と文化を、中世を中心に豊富な写真と地図を交え辿り、魅力に迫る。〝現世の中の来世（異空間）〟へ誘う。

Ａ５判・二一六頁・原色口絵四頁／二六〇〇円

熊野古道を歩く

高木徳郎著

熊野三山をめざす巡礼の道、熊野古道。皇族・貴族の参詣から、庶民の「蟻の熊野詣」に至る歴史と文化を詳述し、世界遺産・熊野古道の魅力に迫る。現地調査に基づく正確な内容と詳細なコースガイド、豊富な写真で聖地に誘う。

Ａ５判・二二四頁・原色口絵四頁／二五〇〇円